7급

대통령
경호처
경호공무원

필기시험(일반상식)

실전모의고사

www.goseowon.co.kr

PREFACE

대통령경호처는 1963년 대통령경호실법이 제정·공포되면서 창설되었다. 대통령경호처는 대통령의 절대안전을 목표로 기(氣)를 살리고 혼(混)을 쏟는 임무수행으로 도(道, 공감)를 이끌어내는 경호안전 태세를 유지하기 위해 최선의 노력을 다한다.

경호공무원은 충성, 자기통제, 통합, 상황판단, 용기를 핵심가치로 삼아 대통령과 그 가족, 대통령당선인과 그 가족 등을 비롯하여 그밖에 경호실장이 경호가 필요하다고 인정하는 국내외 요인을 안전을 책임진다.

본서는 경호공무원을 준비하는 수험생을 위한 필기시험 실전모의고사로 실제 시험과 유사한 문제를 엄선하여 3회분의 모의고사로 구성하였습니다.

신념을 가지고 도전하는 사람은 반드시 그 꿈을 이룰 수 있습니다. 서원각이 경호공무원을 꿈꾸는 수험생 여러분의 꿈을 응원합니다.

INFORMATION

➡️ **채용개요**

❶ 채용분야 : 경호분야

❷ 채용직급 : 특정직 7급(경호주사보)

➡️ **응시자격**

❶ 임용자격

　　㉠ 대한민국 국적 소지자(대통령 등의 경호에 관한 법률 제8조)

　　㉡ 국가공무원법 제33조(결격사유) 각 호에 해당하지 아니한 사람

　　㉢ 공무원임용시험령 및 기타 법령에 의하여 응시자격이 정지당하지 아니한 사람

❷ 학력/성별 : 제한 없음(단, 정보통신은 정보통신 관련학과 전공자)

❸ 연령

　　㉠ 시험년도 기준 만30세 이하 자

　　㉡ 제대군인 지원에 관한 법률 및 병역법 등에 의거 최대 3년까지 연장 가능

❹ 병역 : 남자의 경우 병역을 필한 자(면제자 포함)

❺ 신체 : 신체 건강한 자

❻ 영어 : 공인영어 기준(택 1) 점수 이상 보유자

　　㉠ 토익700, 텝스625(신텝스 340), 토플(PBT530, IBT71)

　　㉡ 토익스피킹 레벨5, MATE스피킹 레벨4, OPIc 레벨IM3, G-Telp 65점(레벨 2), FLEX625
　　　이상

❼ 가점대상 : 국가유공자 등 취업지원대상자(5% 또는 10% 가점)

➡ **전형방법**

❶ **서류전형** : 응시자격기준 적격여부

❷ **1차시험** : 필기시험

ㄱ **상식**(100문항)

ㄴ **국어**(한문포함), 한국사, 정치, 경제, 과학, 헌법, 시사상식

❸ **2차시험**

ㄱ **인성검사** : 성격특성 및 태도 진단검사

ㄴ **체력검정** : 윗몸일으키기(1분), 배(背)근력, 제자리 멀리뛰기, 10m왕복달리기, 달리기(남 2000m, 여 1200m)

ㄷ **일반면접** : 인성 및 개인역량 등 평가(영어면접 포함)

ㄹ **논술시험** : 국가관 및 가치관 등을 확인할 수 있는 주제 부여, 1500자 기준

❹ **3차시험**

ㄱ **신체검사** : 질병검사

ㄴ **심층면접** : 품성, 직무적합도, 잠재역량 등 평가

STRUCTURE

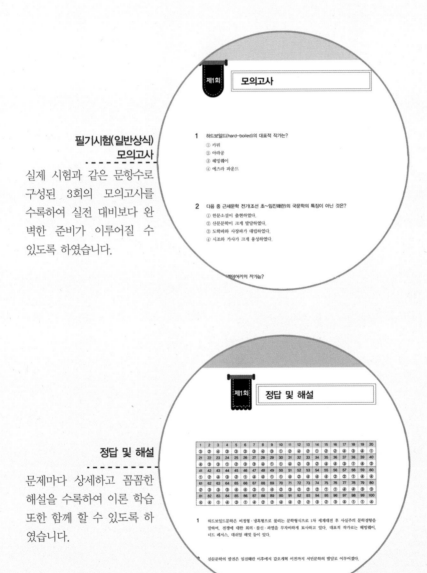

필기시험(일반상식)
모의고사

실제 시험과 같은 문항수로 구성된 3회의 모의고사를 수록하여 실전 대비보다 완벽한 준비가 이루어질 수 있도록 하였습니다.

제1회 모의고사

1 하드보일드(hard-boiled)의 대표적 작가는?
① 카뮈
② 아라공
③ 헤밍웨이
④ 에즈라 파운드

2 다음 중 근세문학 전기[조선 초~임진왜란]의 국문학의 특징이 아닌 것은?
① 한문소설이 출현하였다.
② 산문문학이 크게 발달하였다.
③ 도학파와 사장파가 대립하였다.
④ 시조와 가사가 크게 융성하였다.

정답 및 해설

문제마다 상세하고 꼼꼼한 해설을 수록하여 이론 학습 또한 함께 할 수 있도록 하였습니다.

제1회 정답 및 해설

1	2	3	4	5	6	7	8	9	10	11	12	13	14	15	16	17	18	19	20
③	②	④	②	①	④	④	③	①	②	④	②	④	②	①	④	④	③	①	②
21	22	23	24	25	26	27	28	29	30	31	32	33	34	35	36	37	38	39	40
③	②	④	②	①	④	④	③	①	②	④	②	④	②	①	④	④	③	①	②
41	42	43	44	45	46	47	48	49	50	51	52	53	54	55	56	57	58	59	60
①	②	④	②	①	④	④	③	①	②	④	②	④	②	①	④	④	③	①	②
61	62	63	64	65	66	67	68	69	70	71	72	73	74	75	76	77	78	79	80
③	②	④	②	①	④	④	③	①	②	④	②	④	②	①	④	④	③	①	②
81	82	83	84	85	86	87	88	89	90	91	92	93	94	95	96	97	98	99	100
③	②	④	②	①	④	④	③	①	②	④	②	④	②	①	④	④	③	①	②

1 하드보일드문학은 비정함·냉혹함으로 불리는 문학형식으로 1차 세계대전 후 사실주의 문학경향을 말하며, 전쟁에 대한 회의·불신·파멸을 무자비하게 묘사하고 있다. 대표적 작가로는 헤밍웨이, 더드 체서스, 대쉬엘 해밋 등이 있다.

2 산문문학의 발전은 임진왜란 이후에서 갑오개혁 이전까지 서민문학의 발달로 이루어졌다.

박지상의 중편소설작품으로, 프로이센군에 점령된 무앙으...작품이다. 몽둥에서 비껏덜어리나...

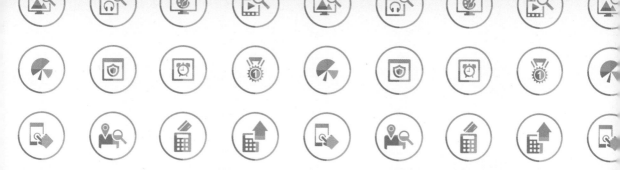

CONTENTS

PART 01   필기시험(일반상식) 모의고사

제1회 모의고사 ·· 10

제2회 모의고사 ·· 39

제3회 모의고사 ·· 73

PART 02   정답 및 해설

제1회 정답 및 해설 ·· 106

제2회 정답 및 해설 ·· 124

제3회 정답 및 해설 ·· 142

필기시험(일반상식) 모의고사

제1회 모의고사
제2회 모의고사
제3회 모의고사

제1회

모의고사

1 하드보일드(hard-boiled)의 대표적 작가는?

① 카뮈
② 아라공
③ 헤밍웨이
④ 에즈라 파운드

2 다음 중 근세문학 전기(조선 초~임진왜란)의 국문학의 특징이 아닌 것은?

① 한문소설이 출현하였다.
② 산문문학이 크게 발달하였다.
③ 도학파와 사장파가 대립하였다.
④ 시조와 가사가 크게 융성하였다.

3 다음 중 비곗덩어리의 작가는?

① 생텍쥐페리
② 헤르만 헤세
③ 헤밍웨이
④ 모파상

4 향가에 대한 설명이 아닌 것은?

① 신라 진평왕 때부터 고려 광종 때까지 약 4세기 동안 계승·발전하였으며, 향찰문자로 표기된 신라의 노래이다.

② 일명 사뇌가라고 한다.

③ 삼국사기에 20여수가 전해진다.

④ 형식으로는 4구체·8구체·10구체가 있으며 대부분 10구체 향가이다.

5 다음 설명 중 옳은 것은?

① 훈민정음으로 적은 최초의 작품은 월인천강지곡이다.

② 가사문학의 효시는 정철의 사미인곡이다.

③ 우리나라 최초의 향가집은 삼대목이다.

④ 장지연의 시일야방성대곡이란 논설로 유명한 신문은 한성순보이다.

6 다음 글에서 밑줄 친 낱말의 품사는?

> 다른 동물들도 자신의 소리로써 그 <u>나름</u>의 신호(信號)를 교환한다.

① 접사

② 자립명사

③ 의존명사

④ 지시대명사

7 다음 중 순우리말 뜻이 잘못 짝지어진 것은?

① 핫어미 : 남편이 있는 여자
② 척지다 : 서로 원한을 품게 되다.
③ 가멸다 : 비교하다
④ 곰살갑다 : 성질이 싹싹하고 다정스럽다.

8 밑줄 친 단어가 외래어표기법에 맞게 표기된 것은?

① 구조대원들이 생존자를 급히 <u>앰블런스</u>로 옮겼다.
② 내가 지은 <u>꽁트</u>는 매우 재미있다.
③ 이번에 '국민 의식 개혁'에 관한 <u>심포지움</u>을 개최하고자 한다.
④ 어제 실험을 하기 위하여 <u>알코올램프</u>를 샀다.

9 다음 중 표준어가 아닌 것은?

① 안다미를 씌우다
② 안절부절못하다
③ 붉그락푸르락
④ 쌍동밤

10 다음 짝지어진 한자어들 중에서 밑줄 친 글자의 음이 다른 것은?

① <u>遊</u>說 – <u>說</u>樂　　　　② 知<u>識</u> – <u>識</u>者
③ <u>便</u>利 – 人<u>便</u>　　　　④ <u>復</u>舊 – 反<u>復</u>

11 다음을 나이가 적은 것부터 나열하면?

⊙ 喜壽
ⓒ 白壽
ⓒ 米壽

① ⊙ － ⓒ － ⓒ
② ⊙ － ⓒ － ⓒ
③ ⓒ － ⊙ － ⓒ
④ ⓒ － ⓒ － ⊙

12 '물가가 한없이 오르기만 함'을 이르는 말은?

① 傾國之色
② 首丘初心
③ 匹夫匹婦
④ 天井不知

13 간결한 말 속에 깊은 체험적 진리를 교묘히 표현한 짧은 글을 의미하는 용어는?

① scree
② aphorism
③ mores
④ ghetto

14 다음 중 편지 겉봉에 본인이 직접 받아볼 수 있도록 하기 위해 쓰는 용어는?

① 親展
② 轉交
③ 貴中
④ 机下

15 고려가요 가운데 가시리와 같이 이별을 주제로 한 노래는?

① 청산별곡
② 서경별곡
③ 유구곡
④ 정과정곡

16 '세상일의 변천이 심함'을 일컫는 한자 성어는?

① 百事如意
② 桑田碧海
③ 緣木求魚
④ 苦盡甘來

17 밑줄 친 다음 한자의 음을 바르게 읽은 것은?

相殺 – 標識 – 移徙 – 刮目

① 쇄 – 식 – 다 – 괄
② 설 – 식 – 이 – 활
③ 설 – 지 – 다 – 괄
④ 쇄 – 지 – 이 – 괄

18 "댁의 관향은 어디십니까?"에서 '관향'을 바르게 쓴 것은?

① 官向
② 管鄕
③ 貫鄕
④ 觀香

19 다음 중 송강 정철의 작품이 아닌 것은?

① 관동별곡   ② 사미인곡

③ 훈민가   ④ 청산별곡

20 신재효가 정리한 판소리 여섯마당 중에서 오늘날 불리지 않는 것은 어느 것인가?

① 변강쇠타령   ② 적벽가

③ 수궁가   ④ 심청가

21 헌법의 일반적 특성에 관한 다음 설명 중 가장 옳지 않은 것은?

① 헌법은 국가의 최고규범으로서 다른 모든 법률규범보다 우선하는 효력을 가진다.

② 헌법은 여러 정치세력 간에 공존을 위한 정치투쟁과 정치적 타협의 과정을 거쳐서 성립되는 정치규범성을 갖는다.

③ 헌법은 국가의 통치구조 내지 국가권력의 기본틀을 규정하는 조직규범으로서의 성격이 있다.

④ 헌법은 그 실효성을 확보하기 위한 개별적·구체적·직접적 강제집행수단을 둠으로써 자기보장규범성을 강화하고 있다.

22 현대복지국가 헌법의 내용과 일치되지 않은 것은?

① 생존권적 기본권의 보장

② 사회적 정의의 실현을 위한 국민경제의 규제, 조정

③ 기능적 권력분립론의 극복과 의회주의의 강화

④ 실질적 평등의 보장을 위한 국가작용의 강화, 확대

23 대한민국의 국적취득에 대한 설명으로 옳지 않은 것은?

① 대한민국에 특별한 공로가 있는 외국인은 일반귀화의 요건을 갖추지 아니하여도 귀화 허가를 받을 수 있다.

② 대한민국의 국적을 상실한 자도 법무부장관의 국적회복허가를 받아 대한민국의 국적을 재취득할 수 있다.

③ 대한민국의 국민과 혼인한 외국인은 국내에서의 거주기간과 관계없이 대한민국의 국적을 취득할 수 있다.

④ 대한민국의 국적을 취득한 외국인으로서 외국 국적을 가지고 있는 자는 대한민국의 국적을 취득한 날부터 1년 내에 그 외국 국적을 포기하여야 한다.

24 다음 중 법치국가의 원리에 관한 설명으로 옳지 않은 것은?

① 법치국가의 원리상 진정 소급입법은 허용되지 않는 것이 원칙인 바, 소급입법에 의한 당사자의 손실이 없거나 아주 경미한 경우에도 소급입법은 허용되지 아니한다.

② 죄형법정주의는 이미 제정된 정의로운 법률에 의하지 아니하고는 처벌되지 아니한다는 법치국가 형법의 기본원리이나.

③ 조세법률주의는 조세행정에 있어서의 법치주의를 말하는 것인 바, 헌법 제38조, 제59조가 선언하는 조세법률주의도 이러한 실질적 적법절차가 지배하는 법치주의를 뜻한다.

④ 과외교습과 같은 사적으로 이루어지는 교육을 제한하는 경우에는 법치국가적 요청인 비례의 원칙을 준수하여야 한다.

25 다음 중 경제에 관하여 헌법에서 규정하고 있지 않은 것은?

① 국가는 지역간의 균형있는 발전을 위하여 지역경제를 육성할 의무를 진다.

② 국가는 국영기업의 효율적인 운영과 합리적인 자원배분을 위하여 민영화에 노력한다.

③ 농업생산성의 제고와 농지의 합리적인 이용을 위하여 농지의 임대차와 위탁경영은 법률이 정하는 바에 의하여 인정된다.

④ 국가는 시장의 지배와 경제력의 남용을 방지하기 위하여 경제에 관한 규제와 조정을 할 수 있다.

26 다음 중 공무원제도에 관한 설명으로 옳지 않은 것은?

① 공무원의 국민 전체에 대한 봉사란 국민 전체의 이익을 위한 봉사이어야 하며 일부의 국민이나 특정 정당 당파의 이익을 위한 봉사이어서는 안 된다.

② 공무원인 근로자는 법률이 정하는 자에 한하여 근로3권을 가진다.

③ 공무원은 일반적인 근로자로서의 성격은 찾아볼 수 없다.

④ 공무원의 신분보장은 대통령제에서보다 의원내각제에서 더욱 요구된다.

27 자유권적 기본권과 생존권적 기본권과의 관계에 관한 설명으로 옳지 않은 것은?

① 자유권이 전 국가적인 인간의 권리라고 한다면, 생존권은 국가 내적인 국민의 권리라 할 수 있다.

② 자유권의 이념적 배경은 자유주의·개인주의인 데 반하여, 생존권의 이념적 배경은 현대적·복지국가적 이념이다.

③ 자유권에 대한 법률유보는 권리형성적이고, 생존권에 대한 법률유보는 권리제한적이라 할 수 있다.

④ 자유권이 국가권력으로부터의 침해 배제라는 소극적인 권리인 데 반하여, 생존권은 인간다운 생활보장을 국가에게 요청하는 적극적인 권리이다.

28 기본권에 관한 설명 중 옳지 않은 것은?

① 우리 헌법에는 일반적 헌법유보에 해당하는 규정은 없다.

② 기본권 행사에 있어 타인의 권리, 공중도덕, 사회윤리, 공공복리 등의 존중에 의한 내재적 한계가 있다.

③ 재판을 받는 단계의 미결수용자에게 재소자용 의류를 입게 하는 것은 위헌이다.

④ 기본권의 제한에 있어 과잉금지의 원칙이란 목적의 정당성, 방법의 적정성, 피해의 최소성, 법익의 균형성의 원칙을 말하는 것으로, 이 중 어느 하나라도 충족시킨다면 합헌이다.

29 행복추구권에 관한 설명 중 옳지 않은 것은?

① 인간의 존엄과 가치에서는 일반적 인격권과 개성의 자유로운 발현권이 나오고 행복추구권에서는 일반적인 행동의 자유권이 나온다.

② 행복추구권은 다른 기본권에 대한 보충적 기본권으로서의 성격을 지닌다.

③ 행복추구권도 국가안전보장, 질서유지 또는 공공복리를 위하여 제한될 수 있다.

④ 헌법재판소는 노동단체의 행복추구권 주체성을 인정한 바 있다.

30 생명권에 관한 다음 설명 중 가장 옳지 않은 것은?

① 우리 헌법은 독일 헌법의 예에 따라 헌법에 이를 명시하지 않고 있다.

② 최근 존엄하게 죽을 권리가 제기되어 생명권과의 충돌문제가 발생하고 있다.

③ 사형제도나 안락사의 경우 생명권에 대한 침해 여부가 논란이 될 수 있다.

④ 태아의 경우에도 생명권의 주체로 인정될 수 있다.

31 알 권리에 관한 설명 중 가장 옳지 않은 것은? (다툼이 있는 경우 판례·헌법재판소 결정에 의함)

① 저속한 간행물의 출판을 전면 금지시키고, 그 출판사의 등록을 취소시킬 수 있도록 하는 것은 성인의 알 권리를 침해하는 것이다.

② 헌법재판소의 견해에 의하면 알 권리는 헌법 제21조의 표현의 자유에 포함되는 권리이다.

③ 공공기관의 정보에 대한 공개청구와 관련하여서는 알 권리는 청구권적 성격을 가지고, 알 권리가 일반적으로 접근할 수 있는 정보원으로부터 자유롭게 정보를 수집할 수 있는 권리를 의미하는 경우에는 자유권적 성격을 가진다.

④ 알 권리가 일반 국민 누구나 국가에 대하여 보유·관리하고 있는 정보의 공개를 청구할 수 있는 권리를 의미하는 것은 아니다.

32 재산권에 대한 설명 중 가장 옳지 않은 것은?

① 공공필요에 의한 재산권의 수용·사용 또는 제한에는 정당한 보상을 지급하여야 한다.

② 현행 헌법에 소급입법에 의한 재산권의 박탈금지규정이 명시되어 있지는 아니하다.

③ 재산권도 국가안전보장, 질서유지 또는 공공복리를 위하여 필요한 경우에는 제한할 수 있다.

④ 현행 헌법은 재산권을 절대적인 권리로 보지 않고 사회적 구속성의 범위 내에서 인정하고 있다.

33 정치적 기본권에 대한 다음 설명 중 옳지 않은 것은?

① 선거권·피선거권은 실정법상의 권리, 일신전속적인 권리이다.

② 공직선거법상의 선거연령은 19세이다.

③ 헌법재판소는 국내거주자에게만 부재자신고를 허용하는 것이 국외거주자의 선거권·평등권을 침해하지 않는다고 보았다.

④ 헌법재판소는 공무원 등의 채용시험에 있어서 제대군인들을 위한 가산점제도는 헌법 제25조(공무담임권)에 위반된다고 본다.

34 다음 중 교육을 받을 권리·의무 등에 관하여 현행 헌법이 규정하고 있는 것이 아닌 것은?

① 모든 국민은 능력에 따라 균등하게 교육을 받을 권리를 가진다.

② 모든 국민은 그 보호하는 자녀에게 적어도 중등교육을 받게 할 의무를 진다.

③ 국가는 평생교육을 진흥하여야 한다.

④ 교육의 자주성, 전문성, 정치적 중립성 및 대학의 자율성은 법률이 정하는 바에 의하여 보장된다.

35 다음 중 행정입법에 관한 설명으로 옳지 않은 것은?

① 집행명령은 근거법령인 모법이 폐지되면 특별한 규정이 없는 한 효력을 상실한다.

② 대통령령의 경우 국무회의의 심의를 거쳐야 한다.

③ 행정규칙(행정명령)이라도 때로는 대외적인 구속력을 가지는 것으로 인정되는 경우가 있다.

④ 법규명령은 대통령령으로, 행정규칙(행정명령)은 총리령이나 부령 등으로 하여야 한다.

36 다음 중 대통령제와 의원내각제 정부형태를 구분하는 기준으로 가장 특징적인 것은?

① 대통령의 선거방법 여하

② 대통령의 법률안 거부권을 가지는가의 여부

③ 국회구성에 있어서의 양원제 채택 여부

④ 정부의 성립과 존속이 의회에 의존하고 있는가의 여부

37 다음 중 헌법상 국회에서 법률로 제정할 사항에 해당되지 않는 것은?

㉠ 국민의 요건	㉡ 감사원의 규칙제정
㉢ 국무회의 심의사항	㉣ 납세의 의무

① ㉠, ㉡, ㉢

② ㉠, ㉢

③ ㉡, ㉢

④ ㉢, ㉣

38 대통령에 대한 다음 설명 중 가장 옳지 않은 것은?

① 대통령후보자가 1인일 때에는 그 득표수가 선거권자 총수의 2분의 1 이상이 아니면 대통령으로 당선될 수 없다.

② 대통령 선거에 있어서 최고득표자가 2인 이상인 때에는 국회의 재적의원 과반수가 출석한 공개회의에서 다수표를 얻은 자를 당선자로 한다.

③ 대통령이 궐위되거나 사고로 인하여 직무를 수행할 수 없을 때에는 국무총리, 법률이 정한 국무위원의 순서로 그 권한을 대행한다.

④ 대통령이 궐위된 때 또는 대통령 당선자가 사망하거나 판결 기타의 사유로 그 자격을 상실한 때에는 60일 이내에 후임자를 선거한다.

39 법원에 관한 설명 중 옳지 않은 것은?

① 군사법원의 상고심은 대법원에서 관할한다.

② 법원은 최고법원인 대법원과 각급 법원으로 조직되며, 대법원과 각급 법원의 조직은 법률로 정한다.

③ 대법원에는 법률이 정하는 바에 의하여 대법관이 아닌 법관을 둘 수 있다.

④ 대법관이 아닌 법관은 대법관 회의의 동의 없이 대법원장이 임명한다.

40 헌법재판소에 관한 설명 중 옳지 않은 것은?

① 법률의 위헌결정에는 재판관 6인 이상의 찬성이 있어야 한다.

② 위헌결정은 법원 기타 국가기관 및 지방자치단체를 기속한다.

③ 위헌법률 심판과 헌법소원 심판은 구두변론을 원칙으로 한다.

④ 위헌으로 결정된 법률조항은 원칙적으로 그 결정이 있는 날로부터 효력을 상실한다.

41 우리나라 겨울철 기상통보에 많이 등장하는 지역은?

① 바이칼호   ② 아랄해

③ 말라시호   ④ 카스피해

42 '러브게임'이란 어떤 경기에서 사용하는 용어인가?

① 승마   ② 테니스

③ 농구   ④ 수영

43 우리 농촌의 민속놀이인 사물놀이에 쓰이는 악기가 아닌 것은?

① 꽹과리   ② 징

③ 북   ④ 피리

44 대중문화의 특성으로 옳은 것은?

① 대중의 이익을 신장한다.

② 인간성을 풍부하게 만든다.

③ 표준화, 평균화를 추구한다.

④ 다양성을 중요시한다.

45 컬러 TV에서 사용하는 기본 색상은?

① 빨강, 초록, 보라
② 빨강, 초록, 파랑
③ 빨강, 주황, 초록
④ 빨강, 파랑, 노랑

46 다음 중 일교차가 가장 심한 곳은?

① 사막지방　　　　　　　　② 극지방
③ 온대지방　　　　　　　　④ 열대지방

47 다음 스포츠용어와 경기종목의 연결이 맞지 않는 것은?

① 해트트릭－축구
② 그랜드슬램－테니스
③ 핫코너－야구
④ IOC－월드컵축구

48 사물이나 사람의 성격을 과장하여 풍자적으로 그린 희극적 만화, 풍자화를 무엇이라 하는가?

① 크로키　　　　　　　　② 콜라주
③ 테라코타　　　　　　　④ 캐리커처

49 우리나라의 무형문화재 1호는?

① 종묘제례악
② 양주 별산대놀이
③ 꼭두각시놀음
④ 남사당놀이

50 TV의 날씨방송에서 리포터가 구름이 이동하는 기상도 안에 들어가 움직이면서 설명하기 위해 어떤 색으로 칠해진 배경이 필요한가?

① 파란색(blue)
② 빨간색(red)
③ 노란색(yellow)
④ 흰색(white)

51 2013년 여름에 시작된 이 운동은 미국으로부터 조선시대 문정황후의 어보를 돌려받기 위해 인터넷 카페를 통해 진행된 청원운동이다. 이듬해 4월 미국 오바마 대통령이 방한할 때 국새와 어보 9점을 직접 가지고와 반환함으로 성공리에 마무리된 이 운동은 무엇인가?

① 백만엽서 청원운동
② 천만인 서명운동
③ 노란리본달기
④ 응답하라 오바마

52 다음 보기 중 옳은 것은?

- 고구려 왕산악이 만들었다고 전해지는 6줄의 현악기
- 오동나무로 만들며 전체 길이는 5척 이상이 되어야 함
- 우리나라 악기 중 가장 넓은 음역을 가지고 있어 정악, 산조에서 다 같이 3옥타브에 이름

① 아쟁　　　　　　　　　　② 거문고
③ 가야금　　　　　　　　　　④ 해금

53 다음의 사건을 시대 순으로 올바르게 나열한 것은?

| ㉠ 십자군전쟁 | ㉡ 아비뇽 유수 |
| ㉢ 루터의 95개조 반박문 | ㉣ 가노사의 굴욕 |

① ㉠㉡㉢㉣　　　　　　　　② ㉠㉣㉡㉢
③ ㉡㉠㉣㉢　　　　　　　　④ ㉣㉠㉡㉢

54 다음과 같은 개혁 정책을 시행한 시기로 옳은 것은?

근대적인 토지 소유권을 확립하기 위하여 양지아문을 설치하고, 일부 지역에서 토지 조사 사업과 지계 발급 사업을 실시하였다. 아울러 지방 행정의 경비를 줄이기 위하여 지방 제도를 23부제에서 13도제로 바꾸었다.

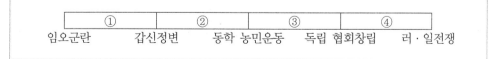

| | ① | | ② | | ③ | | ④ | |
| 임오군란 | | 갑신정변 | | 동학 농민운동 | | 독립 협회창립 | | 러·일전쟁 |

55 (가)와 (나)에 들어갈 말을 바르게 짝지은 것은?

> 명성 황후가 러시아와 연결하여 일본을 견제하려 하자 일본은 명성 황후를 시해한 (가)을 일으켰다. 이후 개화파 정부는 (나)을 포함한 을미개혁을 추진하였는데 이에 항거하여 전국의 유생들이 대대적으로 의병을 일으켰다.

① (가) 갑신정변 – (나) 단발령
② (가) 갑신정변 – (나) 아관파천
③ (가) 을미사변 – (나) 아관파천
④ (가) 을미사변 – (나) 단발령

56 다음 중 가장 최근에 유네스코 세계유산으로 등록된 것은?

① 남한산성
② 백제역사유적지구
③ 경주역사지구
④ 하회와 양동

※ 다음 지문을 읽고 지문에서 설명하는 이것을 고르시오. 【57~59】

57

> 이것은 고객들의 개별적인 정보들을 데이터베이스로 구축하여 이를 근거로 각 고객들의 구매성향과 필요에 맞는 맞춤화된 서비스와 제품을 제공하여 고객들의 만족도를 높이고 고객유지와 장기적인 경쟁력을 확보하는 마케팅을 말한다. 고객들과의 상호작용을 통해 고객들의 성별, 나이, 소득, 취미, 레저 활동 등에 관한 정보와 구매패턴을 확보하여 놓는 것이 핵심이다.

① 애프터 마케팅   ② 원투원 마케팅
③ 바이러스 마케팅   ④ 체험 마케팅

58

이것은 미국 아카데미 시상식 전날 개최하여 미국에서 한 해 동안 제작된 영화들 중 최악의 영화와 최악의 배우를 뽑는 시상식으로, 래지상(Razzie Awards)이라고도 불린다.

① 골든 라즈베리 상   ② 골든 스트로베리 상

③ 골든 블루베리 상   ④ 골든 크랜베리 상

59

이것은 특정 기업의 경영권 지배를 목적으로 주식의 매입기간, 가격, 수량 등을 미리 제시하고 증권시장 밖에서 공개적으로 매수하는 적대적 M&A 방식 중 하나로 다른 기업을 매수하는 경우 효과적인 방법으로 이용된다. 우리나라 자본시장과 금융투자업에 관한 법률에서는 불특정 다수인에 대하여 의결권 있는 주식 등의 매수(다른 증권과의 교환을 포함한다.)의 청약을 하거나 매도(다른 증권과의 교환을 포함한다.)의 청약을 권유하고 증권시장 및 다자간매매체결회사(이와 유사한 시장으로서 해외에 있는 시장을 포함한다.) 밖에서 그 주식 등을 매수하는 것이라고 정의한다.

① Vulture   ② bear hug

③ Saturday night special   ④ TOB

60 다음 중 공민왕에 대한 설명으로 옳은 것을 고르시오.

ㄱ 성균관의 기술학부를 분리시켜 성균관을 순수 유학 교육 기관으로 확립하였다.
ㄴ 전민변정도감을 설치하였다.
ㄷ 쌍성총관부를 공격하여 빼앗긴 영토를 탈환하였다.
ㄹ 개혁기구인 사림원을 설치하였다.

① ㄱ   ② ㄱ, ㄴ

③ ㄴ, ㄹ   ④ ㄱ, ㄴ, ㄷ

61 다음은 고조선의 대표적인 유물이다. 이 유물을 통해 알 수 있는 사실로 옳은 것은?

- 명도전
- 붓
- 오수전

① 벼농사가 시작되었다.
② 중국과 활발한 교류를 했다.
③ 강력한 중앙집권강화가 이루어졌다.
④ 사유재산으로 인한 신분의 분화가 나타났다.

62 장비·먹거리·연료 등을 모두 챙기는 캠핑의 번거로움에 착안해 비용이 더 들더라도 간편하게 캠핑을 즐길 수 있도록 한 귀족적 야영을 뜻하는 말은?

① 비부악   ② 오토캠프
③ 글램핑   ④ 반더포겔

63 2018년 출산율이 1.0명 수준에 근접한 것으로 전망되면서 우리나라는 초(超)저출산 상태가 지속되고 있는 것으로 나타났다. 통상적으로 '초(超)저출산 상태'란 합계출산율이 몇 명 이하인 경우를 의미하는가?

① 2.0명   ② 1.7명
③ 1.5명   ④ 1.3명

64 다음 중 고위공직자들의 범죄행위를 상시적으로 수사·기소할 수 있는 독립기관을 무엇이라고 하는가?

① 국정원   ② 국방부

③ 공수처   ④ 법제처

65 다음 제시문을 읽고 빈칸에 들어갈 알맞은 용어를 고르시오.

> 레이시 스피어스는 자신의 블로그와 페이스북 등의 SNS에 병든 아들 가넷을 돌보는 슬픈 사연을 담은 육아일기를 연재해 왔다. 투병중인 아들을 향한 절절한 모성이 미국뿐 아니라 전세계 네티즌의 마음을 울리며 위대한 모성으로 SNS에서 명성을 떨쳤고 그녀는 유명인사가 되었다.
> 그런데 결국 아이는 사망했고, 부검 결과는 충격적이다. 세상에 둘도 없는 착한 천사엄마로 알려져 있던 레이시 스피어스가 자신의 아들을 죽이기 위해 긴 시간동안 치사량의 소금을 음식에 섞어 먹여 왔던 것이다. 조사에 따르면 레이시는 일부러 병을 만들어 사람들의 관심을 끄는 정신병인 (　　　　　)이라고 한다. 이것은 신체적인 징후나 증상을 의도적·인위적으로 만들어 내서 다른 사람들로 하여금 자신에게 관심과 동정을 이끌어 내는 정신과적 질환이다.

① 사이코패스   ② 오셀로 증후군

③ 리플리 증후군   ④ 뮌하우젠 증후군

66 다음 중 유네스코 산하 국제 애니메이션 필름협회(ASIFA)에 의해 공인된 세계 4대 애니메이션 페스티벌이 열리는 곳이 아닌 것은?

① 프랑스 안시   ② 캐나다 오타와

③ 일본 히로시마   ④ 한국 부천

67 다음에서 설명하는 단어의 첫 글자를 조합하여 만들 수 있는 단어는?

> • ( ) syndrome : 아무리 기술력이 뛰어난 제품이라고 하더라도 특정 지역에만 특화되어 있을 경우에 그 외의 시장에서는 팔리지 않고 고립되는 현상
>
> • ( ) virus : 치사율이 높은 급성 열성감염을 일으키는 바이러스의 총칭으로 이 바이러스가 발견된 주변의 강 이름에서 유래했으며 2014년 서아프리카 전역에 바이러스가 퍼져 WHO뿐만 아니라 전세계 모든 국가들이 촉각을 곤두 세웠다.
>
> • ( ) 500 : UNEP가 환경보호에 기여한 개인 또는 단체를 지구 전체의 환경사절로 위촉하여 지구 환경문제 해결에 앞장서도록 하기 위해 제정한 명예제도

① gag   ② ego
③ egg   ④ lie

68 7세기 전반 일본에서 발생한 최초의 불교문화로 유교와 도교 등 외래학문과 사상이 다양하게 나타나 풍부한 국제성을 특징으로 한 문화는?

① 아스카 문화   ② 기타야마 문화
③ 메이지 문화   ④ 에도 문화

69 다음 밑줄 친 '햇볕정책'을 추진한 정부와 관련된 사실로 옳은 것은?

> 남북한 간의 긴장관계를 완화하고 화해와 포용을 통하여 북한을 개혁·개방으로 유도하기 위해 정부는 햇볕정책을 추진하였다. 이는 대통령이 영국을 방문을 했을 때 런던대학교에서 행한 연설에서 처음 사용된 용어이다. 이는 겨울 나그네의 외투를 벗게 만드는 것은 강한 바람이 아니라 따뜻한 햇볕이라는 이솝우화에서 비롯한 것이다.

① 경부고속도로가 개통되었다.
② 이산가족 상봉이 최초로 이루어졌다.
③ 서울올림픽이 개최되었다.
④ 금강산 관광이 시작 되었다.

70 일본이 2012년부터 시행한 경제정책으로 과감한 금융완화와 재정지출 확대, 경제 성장전략을 주 내용으로 하고 있는 것은?

① 양적완화　　　　　　　　　② 아베노믹스
③ 출구전략　　　　　　　　　④ 뉴딜정책

71 다음 내용을 담고 있는 조약은?

- 첫째, 조선은 부산과 원산과 인천 항구를 20개월 이내에 개항한다.
- 둘째, 치외 법권을 인정하여, 개항장에서 일본인의 범죄가 발생할 경우 일본인은 일본인의 법률에 의해 처벌된다.
- 셋째, 조선의 연안 측량을 자유롭게 한다.
- 넷째, 조선과 일본 양국은 수시로 외교 사절을 파견하고 일본 화폐의 통용과 무관세 무역을 인정한다.

① 제물포조약　　　　　　　　② 조미조약
③ 강화도조약　　　　　　　　④ 을사조약

72 어느 한 쪽이 양보하지 않을 경우 양쪽이 모두 파국으로 치닫게 되는 극단적인 이론은?

① 란체스터 법칙　　　　　　　② 치킨게임
③ 깨진 유리창의 법칙　　　　　④ 휘슬블로잉

73 '洋夷侵犯 非戰則和 主和賣國'를 새겨 전국 각지에 세웠던 비석은?

① 백두산 정계비　　　　　　　② 척화비
③ 진흥왕 순수비　　　　　　　④ 중원고구려비

74 다음 중 국제적으로 환경관련규격을 통일하여 제품과 이를 생산하는 기업에 환경인증을 주는 국제 환경표준화 인증규격은?

① ISO 9000
② ISO 14000
③ GMP
④ OHSAS 18001

75 경영권이 취약한 대주주에게 보유주식을 높은 가격에 팔아 프리미엄을 챙기는 투자자들이 주식을 매수하도록 유도하는 편지는?

① 그린메일
② 레드메일
③ 옐로우메일
④ 블루메일

76 다음 중 세계 4대 발명품이 아닌 것은?

① 전구
② 나침반
③ 인쇄술
④ 종이

77 (가), (나)에 들어갈 서적으로 옳은 것은?

> 독도는 일본의 땅이 될 수 없어. 우리나라 최고(最古)의 역사서인 ___(가)___ 에 6세기 지증왕 때 이사부가 우산국을 정벌했다고 나와 있고, ___(나)___ 에 울릉도와 독도를 강원도 울진현 소속으로 구분해 놓았어.

① 삼국유사, 세종신록지리지
② 삼국유사, 신증동국여지승람
③ 조선왕조실록, 세종실록지리지
④ 삼국사기, 세종실록지리지

78 회사의 채무에 관하여 회사채권자에 대하여 직접 · 연대 · 무한의 책임을 부담하는 사원인 무한책임사원으로만 구성된 회사는 무엇인가?

① 주식회사   ② 유한회사

③ 합자회사   ④ 합명회사

79 디플레이션 현상을 해결하기 위한 정책으로 적당한 것은?

① 총수요 억제 정책   ② 흑자 재정 정책

③ 저금리 정책   ④ 투자 억제 정책

80 우리나라 인천 송도에 사무국이 있는 유엔 산하의 국제기구로 개발도상국의 온실가스 감축과 기후변화 적응을 지원하는 기구는?

① UNCHE   ② UNEP

③ GCF   ④ CBD

81 중간지주회사에 대한 설명으로 옳지 않은 것은?

① 경제민주화 정책의 일환이라고 할 수 있다.

② 현행 공정거래법에서는 지주회사의 금융자회사 보유를 금지한다.

③ 일반지주회사가 금융자회사를 보유할 경우 금융회사는 중간지주회사로 강제된다.

④ 금산분리 정책과 같은 맥락이라고 할 수 있다.

82 중국 정부와 국영기업이 최대주주로 참여해 홍콩에 설립한 우량 중국 기업들의 주식은?

① 블루칩   ② 그린칩

③ 옐로칩   ④ 레드칩

83 톰 피터스는 혁신경영에서 관리자는 보호자라는 기존의 통념을 반박하며 미래 경영환경에서의 관리자는 점진적인 사고방식이 아닌 파괴를 통한 급진적인 개혁을 이끌어야 한다고 주장했다. 최고경영자를 뜻하는 CEO를 대체할 새로운 개념으로 주목받고 있는 것은?

① CDO   ② CEO

③ CIO   ④ COO

84 다음 중 양적완화에 대한 설명으로 옳지 않은 것은?

① 미국이 양적 완화를 시행하면 한국 원화의 가치는 높아지게 된다.

② 양적완화는 자국의 통화가치를 하락시켜 수출경쟁력을 높인다.

③ 양적완화가 계속될 경우 인플레이션 발생가능성이 있다.

④ 양적완화는 기준금리 조절을 통해 간접적으로 통화 유동성을 조절하는 것이다.

85 한국의 한 회사가 중국에 공장을 세우고 중국인 노동자만을 고용하는 경우, 다음 설명 중 옳은 것은?

① 한국과 중국의 GDP가 증가한다.

② 한국과 중국의 GNP가 증가한다.

③ 중국의 GNP는 증가하지만 한국의 GNP는 증가하지 않는다.

④ 한국의 GDP는 증가하지만 중국의 GDP는 증가하지 않는다.

86 다음 중 이연자산이 아닌 것은?

① 임대료

② 창업비

③ 연구개발비

④ 건설이자

87 다음 중 비열을 알아내기 위해 꼭 필요한 물리량으로 바르게 짝지어진 것은?

㉠ 온도	㉡ 열용량
㉢ 열량	㉣ 질량

① ㉠㉡

② ㉠㉢

③ ㉡㉢

④ ㉡㉣

88 열은 다음 중 어느 것의 일종인가?

① 온도

② 에너지

③ 일

④ 힘

89 열은 고온체에서 저온체로 이동하지만, 저온체에서 고온체로 이동하지는 못한다. 이를 가장 잘 설명하는 것은?

① 열역학 제1법칙

② 열역학 제2법칙

③ 열량보존의 법칙

④ 보일–샤를의 법칙

90 다음 중 두 점 사이의 전위차와 같은 것은?

① 단위시간에 흐르는 전하량

② 전하량이 단위시간에 하는 일의 양

③ 두 점 사이에 작용하는 전기적인 힘

④ 두 점 사이에 단위전하를 이동시키는데 필요한 일량

91 다음 중 실크로드(Silk Road)에 대한 설명으로 옳지 않은 것은?

① BC 2세기 후반 한무제에 의해서 개척되었다.

② 주 무역품이 비단인 것에서 유래된 명칭이다.

③ 조로아스터교, 마니교 등이 전래되었다.

④ 로마제국이 한나라를 정복하기 위해 군대를 파견할 때 이용되었다.

92 일본의 메이지유신(明治維新)에 대한 설명으로 옳지 않은 것은?

① 시민계급이 대두하였다.

② 일종의 시민혁명이었다.

③ 입헌군주정치의 기초가 확립되었다.

④ 봉건지배계급의 몰락을 배경으로 하였다.

93 중국의 5 · 4운동을 바르게 설명한 것은?

① 지주의 횡포에 항거하여 일어난 농민들의 소작분쟁

② 군벌 · 일본세력을 배척한 지식인들의 반제국주의 · 반봉건주의 운동

③ 러시아의 남하정책을 반대한 민중봉기

④ 아편전쟁 후 맺은 난징조약에 반대한 학생운동

94 19세기 말부터 1차 세계대전까지 유지됐던 독일의 제국주의적 근동정책을 일컫는 말은?

① 3C정책　　　　　　　　　　② 3D정책

③ 3B정책　　　　　　　　　　④ 3S정책

95 미국의 독립이 승인된 조약은?

① 베를린조약　　　　　　　　② 파리조약

③ 워싱턴조약　　　　　　　　④ 런던조약

96 동양도덕의 밑바탕을 이루고 있는 삼강오륜(三綱五倫)에 속하지 않는 것은?

① 장유유서(長幼有序)　　　　② 군위신강(君爲臣綱)

③ 교우이신(交友以信)　　　　④ 부부유별(夫婦有別)

97 주자(朱子)가 '세계의 참모습'을 파악하기 위하여 강조한 것은?

① 심즉리설(心卽理說)　　　　② 지행합일(知行合一)

③ 치양지설(致良知設)　　　　④ 격물치지(格物致知)

98 성리학에서 말하는 기(氣)의 의미는?

① 현실적 모습

② 세계의 참모습

③ 완전하고 선한 모습

④ 알 수 없는 미지의 세계

99 그리스철학에 대한 다음 설명 중 옳지 않은 것은?

① 피타고라스는 인간은 만물의 척도라고 하였다.

② 플라톤은 이상주의철학의 개조로 이데아설을 주장하였다.

③ 아리스토텔레스는 세계를 조화된 것으로 보고 중용의 덕을 중요시했다.

④ 히피아스는 자연적인(physis) 것과 인위적인(nomos) 것을 대립시켰다.

100 「프로테스탄티즘의 윤리와 자본주의의 정신」에서 서구의 자본주의를 가능하게 했던 원인으로 프로테스탄트 윤리를 들고 있는 철학자는?

① 칼뱅

② 칼 마르크스

③ 아담 스미스

④ 막스 베버

모의고사

1 다음 중 옳지 않은 문장은?

① 나는 손가락으로 하늘을 가리켰다.

② 선배들의 의견을 좇기로 했다.

③ 이 공원에는 살진 비둘기가 많다.

④ 이 방은 위풍이 세서 겨울을 나기에 좋지 않다.

2 다음 중 '노스텔지어의 손수건'과 유사한 사자성어는?

① 馬耳東風　　　　　② 首丘初心

③ 肝膽相照　　　　　④ 康衢煙月

3 다음 중 문예사조의 흐름을 순서대로 바르게 나열한 것은?

① 고전주의 – 사실주의 – 낭만주의 – 상징주의 – 자연주의 – 실존주의

② 고전주의 – 낭만주의 – 사실주의 – 자연주의 – 상징주의 – 실존주의

③ 고전주의 – 사실주의 – 실존주의 – 낭만주의 – 자연주의 – 상징주의

④ 고전주의 – 낭만주의 – 자연주의 – 사실주의 – 상징주의 – 실존주의

4 다음 중 밑줄 친 어휘가 적절하게 사용되지 않은 것은?

① 단체나 법인의 후원금을 금지하는 취지는 불법 자금을 둘러싼 정경<u>유착</u>을 막아내자는 것이지, 힘없는 약자들의 순수한 정치참여를 막자는 게 아니다.

② 정부와 공기업 등 각계에 국익을 외면하고 20여 년 간 외국 원전업체 이익을 대변하는 정책을 펴온 <u>비호</u>세력이 포진해있다는 주장이 제기됐다.

③ 여성학은 여성문제의 현상이나 그 원인 또는 구조적 특질 등을 이론적으로 <u>분해</u>하고 그 해결 전망을 모색하는 한문이다.

④ 우리는 생각만은 분명히 있지만 말을 잊어서 표현에 <u>곤란</u>을 느끼는 경우를 경험하기도 한다.

5 외래어표기법에 따라 바르게 적은 것은?

① 뷔페   ② 워크샵

③ 악세사리   ④ 앙케이트

6 1970년대 이후 한국 문단에서는 문학의 순수와 참여의 논쟁이 오래 계속되었는데, 이는 문학의 어떤 두 측면을 얘기하는 것인가?

① 교훈과 쾌락   ② 현실과 이상

③ 역사성과 교훈성   ④ 서정성과 예술성

7 우리말의 뜻풀이가 바르지 못한 것은?

① 길섶 – 길 한가운데

② 갈무리 – 일을 잘 정돈하여 간수함

③ 고갱이 – 사물의 핵심

④ 곰살궂다 – 성질이 다정함

8 다음 중 가장 큰 단위에 해당하는 것은?

① 제(濟)   ② 동
③ 쌈   ④ 접

9 다음을 한자로 쓸 때, ( ) 안에 들어갈 한자로 알맞은 것은?

내정간섭 : 內政( )涉

① 間   ② 干
③ 簡   ④ 竿

10 다음 중 殺이 다르게 발음되는 것은?

① 殺傷   ② 殺到
③ 殺菌   ④ 殺氣

11 다음 중 한자 성어와 그 뜻의 연결이 바르지 못한 것은?

① 權謀術數 – 목적 달성을 위해서는 인정이나 도덕을 가리지 않고 권세와 모략중상 등 갖은 방법과 수단을 쓰는 술책
② 九折羊腸 – 아홉 번 꺾어진 양의 창자라는 뜻으로, 꼬불꼬불한 험한 길, 세상이 복잡하여 살아가기 어렵다는 말
③ 臥薪嘗膽 – 섶에 누워 쓸개를 씹는다는 뜻으로, 원수를 갚으려고 온갖 괴로움을 참고 견딤을 이르는 말
④ 犬馬之勞 – 개나 말이 하는 일없이 나이만 더하듯이, 아무 하는 일없이 나이만 먹는 일, 자기 나이를 겸손하게 이르는 말

12 다음은 신문기사의 일부분이다. 괄호에 알맞은 말은?

> 2011년 신묘년, 교수들은 희망을 담은 한자 성어로 (   )을 뽑았다. 교수 신문은 지난 달 전국 대학교수 212명을 대상으로 새해 희망의 한자 성어에 대한 설문조사를 한 결과, 전체의 39%가 (   )을 택했다고 밝혔다. (   )이란 「맹자」 진심 편에 나오는 말로 '백성이 존귀하고 사직은 그 다음이며 임금은 가볍다.'고 한 데서 유래되었다. 강진호 서울대 교수는 "이명박 정부가 임기 후반으로 갈수록 공약했던 주요정책을 실현하기 위해 조급해 할 가능성이 높다."며 "그럴수록 (   )의 뜻을 되새겨 국민들이 피해보는 일이 없도록 노력해야 한다."고 밝혔다. 또한 (   )에 이어 한마음을 가지면 큰 의미의 대화합을 이룰 수 있다는 뜻의 '보합대화(保合大和)'가 2위에 올랐다.

① 조민유화(兆民有和)
② 민귀군경(民貴君輕)
③ 준조절충(樽俎折衝)
④ 장수선무(長袖善舞)

13 다음 중 괄호 안에 들어갈 접속어로 알맞은 것은?

> 긴팔원숭이가 동료들을 불러 모으거나 위험을 알리기 위해 내는 특유의 외침소리와 꿀의 소재를 동료에게 알리는 소위 꿀벌의 춤과 같은 것은 동물에게도 의사전달 수단이 있음을 보여준다. (   ) 인간의 언어가 일정한 수의 음소가 결합된 형태소로 뜻을 나타내고, 또 서로 다른 뜻을 나타내는 수천이 넘는 형태소를 지닌다는 특징을 다른 동물의 전달 수단에서는 찾아볼 수 없다. 이런 점에서 동물의 의사 전달 수단은 인간의 언어와 근본적으로 다르다고 할 수 있다.

① 그리고   ② 그러나
③ 게다가   ④ 예컨대

14 다음 설명과 관련이 없는 동물은?

> • 거울로 삼아 본받을 만한 모범
> • 속세를 떠나 오로지 학문이나 예술에만 잠기는 경지. 프랑스의 시인이자 비평가인 생트뵈브가 낭만파 시인 비니의 태도를 비평하며 쓴 데서 유래
> • 그다지 큰 소용은 없으나 버리기에는 아까운 것을 이르는 말

① 코끼리   ② 닭
③ 원숭이   ④ 거북이

15 다음은 하나의 글을 구성하는 문장들을 순서 없이 나열한 것이다. ㉠~㉣ 중 주제문으로 가장 적당한 것은?

> ㉠ 범죄를 저지른 사람 중에는 나쁜 가정환경에서 자란 경우가 많다.
> ㉡ 인간됨이 이지러져 있을 때 가치 판단이 흐려지기 쉽다.
> ㉢ 범죄를 저지른 사람들은 대체로 자포자기의 상황에 처한 경우가 많다.
> ㉣ 인간의 범죄 행위의 원인은 개인의 인간성과 가정환경으로 설명될 수 있다.

① ㉠   ② ㉡
③ ㉢   ④ ㉣

16 다음 글의 주제로 적합한 것은?

전통은 물론 과거로부터 이어 온 것을 말한다. 이 전통은 대체로 그 사회 및 그 사회의 구성원(構成員)인 개인(個人)의 몸에 배어 있는 것이다. 그러므로 스스로 깨닫지 못하는 사이에 전통은 우리의 현실에 작용(作用)하는 경우(境遇)가 있다. 그러나 과거에서 이어 온 것을 무턱대고 모두 전통이라고 한다면, 인습(因襲)이라는 것과의 구별(區別)이 서지 않을 것이다. 우리는 인습을 버려야 할 것이라고는 생각하지만, 계승(繼承)해야 할 것이라고는 생각하지 않는다. 여기서 우리는 과거에서 이어 온 것을 객관화(客觀化)하고, 이를 비판(批判)하는 입장에 서야 할 필요를 느끼게 된다. 그 비판을 통해서 현재(現在)의 문화 창조(文化 創造)에 이바지할 수 있다고 생각되는 것만을 우리는 전통이라고 불러야 할 것이다. 현재의 문화를 창조하는 일과 관계가 없는 것을 우리는 문화적 전통이라고 부를 수는 없기 때문이다.

① 전통의 역할
② 인습에 대한 비판
③ 전통의 필요성
④ 전통과 인습의 구별

17 24절기 중 나타내는 계절이 다른 하나는?

① 雨水
② 驚蟄
③ 淸明
④ 霜降

18 다음 괄호 안에 들어갈 한자 성어로 적절한 것은?

김대중 정부에서 추진한 대북정책인 햇볕정책은 이론상으로 매우 훌륭해 보였다. 하지만 지금에 와서 볼 때 실패한 정책이라는 의견들이 등장하고 있다. 햇볕정책을 펴는 동안에도 일시적으로 불안감이 줄어들었을 뿐 긴장이 놓을 때 즈음이면 남한에 대한 도발을 해 오곤 했다. 또한 이 과정에서 북한은 돈, 물자, 식량 등 남한의 지원을 받으면서도 북한 주민들의 생활 개선이나 통일 문제에 대해서는 소홀한 모습을 보였다. 일부 친북주의자들은 북한 정권을 변하지 않는 상수(常數)로 규정하면서, 남한이 그에 맞춰 대응해야 한다고 말한다. 그러면서도 햇볕정책으로는 북한이 바뀔 것이라고 주장하는 것은 (   )이다.

① 語不成說　　　　　　　② 大器晩成
③ 附和雷同　　　　　　　④ 脣亡齒寒

19 다음 중 한자의 구성과 짜임이 다른 것은?

① 樂山　　　　　　　　　② 治國
③ 修身　　　　　　　　　④ 歸家

20 세계 주요 문학작품 중 작가가 잘못 연결된 것은?

① 고도를 기다리며 – 베케트(프랑스)
② 이방인, 페스트 – 카뮈(프랑스)
③ 테스, 귀향 – 토마스 만(독일)
④ 보물섬, 지킬박사와 하이드씨 – 스티븐슨(영국)

21 실질적 의미의 헌법과 형식적 의미의 헌법에 관한 설명으로 옳지 않은 것은?

① 국회법, 법원조직법, 정부조직법 등은 형식적 의미의 헌법을 많이 포함하고 있다.

② 형식적 의미의 헌법 중에 실질적 의미의 헌법에 해당하지 않는 것이 있을 수 있다.

③ 스위스 헌법의 도살조항, 바이마르 헌법의 명승풍경의 보호조항은 형식적 의미의 헌법에 속한다.

④ 실질적 의미의 헌법을 헌법전에 모두 담는 것은 기술적으로 곤란하기 때문에 양자를 일치하는 것은 불가능하다.

22 헌법개정에 관한 설명으로 옳지 않은 것은?

① 헌법개정한계설은 헌법조항 간에는 상하의 가치질서가 있다고 본다.

② 현행 헌법에서 국회의 의결을 거치지 않은 헌법개정은 허용되지 아니한다.

③ 헌법개정한계설은 헌법의 기본적 동일성을 변경하는 개정은 허용되지 않는다고 본다.

④ 헌법재판소는 현행 헌법의 개별규정 가운데 개정의 한계를 설정할 수 있는 효력상의 차이를 인정하여야 할 형식적 이유가 존재한다고 본다.

23 현행법상 남북한관계에 관한 설명으로 옳은 것은?

① 국가보안법은 헌법 제3조에 근거를 두는 법률로서 헌법 제37조 제2항의 일반적 법률유보와는 관계가 없다.

② 남북기본합의서에는 남북양측의 정식 국호가 사용되고 양측의 정식 대표자가 서명하였으므로 국가간 조약으로 보아야 한다는 데 의문이 없다.

③ 헌법상 규정된 통일이라는 국가목표를 저해하지 않는 한 입법자는 남북한관계를 적대적으로 또는 우호적으로 규정하는 유동적인 입법을 할 수 있다.

④ 남북기본합의서는 일종의 조약으로서 국회의 동의를 거쳐 발효되어야 하나 그러한 절차를 경료하지 않았으므로 구속력이 없다는 것이 판례의 입장이다.

24 기본권에 관한 설명으로 옳지 않은 것은?

① 외국인에게는 국제적 최소기준의 원칙에 따를 때 출입국의 자유를 포함하는 거주·이전의 자유의 주체성이 인정된다.

② 통신의 자유는 그 성질상 법인도 주체가 될 수 있다.

③ 공법인의 경우 기본권에 의해 부과되는 의무를 지는 주체이므로 동시에 기본권의 주체가 될 수 없는 것이 원칙이다.

④ 정당은 선거에 있어 기회균등의 보장을 받을 수 있는 헌법적 권리의 주체가 될 수 있다.

25 다음 중 자유민주주의에 관한 설명으로 옳지 않은 것은?

① 자유민주주의는 자유주의와 민주주의가 결합한 정치원리로서, 여기서 자유주의가 목적이라면 민주주의는 방법이라고 할 수 있다.

② 자유주의와 민주주의는 이념적 공통점을 가지고 있으므로, 그 결합은 언제나 완전한 결합이다.

③ 자유민주주의 사회는 개인과 마찬가지로 정부도 오류를 범할 가능성이 있다는 것, 즉 정부의 무오류성을 믿지 않는 사회이다.

④ 언론·출판의 자유의 보장은 자유민주주의의 실현을 위한 필수적 전제조건이라고 할 수 있다.

26 다음 중 조약 및 국제법규에 대한 설명으로 가장 옳지 않은 것은?

① 국회의 동의를 얻은 조약은 법률과 동등한 효력을 얻는다.

② 조약과 법률이 저촉할 경우에는 신법 우선의 원칙과 특별법 우선의 원칙이 적용된다.

③ 상호원조 또는 안전보장에 관한 조약의 체결·비준은 국회의 동의를 필요로 한다.

④ 우호 통상항해조약의 체결·비준은 국회의 동의를 필요로 하지 않는다.

27 지방자치제도에 대한 설명 중 옳은 것은?

① 지방자치단체의 장은 지방의회에서 재의결된 사항이 법령에 위반된다고 인정되는 경우 대법원에 소를 제기할 수 있다.

② 법률의 수권이나 위임이 없더라도 조례는 자치단체의 고유사무, 단체위임사무, 기관위임사무에 관한 사항을 그 내용으로 할 수 있다는 것이 대법원의 태도이다.

③ 지방의회의 의원은 면책특권은 없으나 회기 중 불체포특권을 갖는다.

④ 법률에 의해 지방의회를 폐지할 수 있다.

28 기본권의 본질 및 법적 성격에 관한 설명으로 가장 옳지 않은 것은?

① 기본권이 자연권인가 실정권인가에 대해서는 견해의 대립이 있으나, 현행 실정헌법체계에서는 그러한 구분의 불필요성을 제기하는 입장도 있다.

③ 자연권설의 입장에서 보면 헌법 제37조 제1항은 별다른 의미가 없지만 실정권설의 입장에서 보면 권리창설적 의미가 있다.

③ 실정권설은 칼 슈미트로 대표되는 결단주의 이론에서 출발하고 있다.

④ 제도보장 이론은 학자에 따라서 다양한 내용으로 전개되지만 국민의 자유와 권리를 보다 잘 보장하고자 하는 점에서는 공통적이다.

29 법인의 기본권에 관한 설명으로 가장 옳은 것은?

① 헌법재판소는 성질상 허용되는 경우에는 정당도 기본권의 주체가 될 수 있다고 본다.

② 독일기본법도 법인의 기본권 주체성을 명문으로 인정하고 있는 것은 아니다.

③ 헌법재판소는 단체는 자신의 기본권을 직접 침해당한 경우가 아니더라도 그 구성원을 위하여 또는 구성원을 대신하여 헌법소원 심판을 청구할 수 있다고 본다.

④ 헌법재판소는 국립대학교는 공권력의 행사자이므로 기본권의 주체가 될 수 없다고 본다.

30 외국인의 기본권에 관한 다음 설명 중 옳지 않은 것은?

① 외국인은 '국민'과 유사한 지위에 있으므로 원칙적으로 기본권 주체성이 인정된다.

② 외국인이라 하더라도 기본권을 침해당한 때에는 헌법재판소에 헌법소원을 청구할 수 있다.

③ 생존권적 기본권은 일반적으로 외국인에게 보장되어 있지 않다.

④ 인간의 존엄 및 가치존중의 원칙상 평등권은 내·외국인을 불문하고 동일하게 보장된다.

31 평등권에 관한 다음 설명 중 가장 옳지 않은 것은?

① 평등권 위반인지의 여부를 판단하는 가장 중요한 기준은 자의금지원칙과 합리성원칙 등이다.

② 합리적 차별인지를 판단하는 기준은 목적의 정당성, 수단의 적정성, 피해의 최소성, 법익의 균형성 등은 물론 인간의 존엄성도 포함된다.

③ 존속상해치사를 가중처벌하도록 규정한 형법조항은 평등의 원칙에 위반된다고 보는 것이 헌법재판소 판례이다.

④ 누범은 사회적 신분이 아니라는 것을 전제로 누범가중은 단지 새로운 범죄에 대한 양형에 대한 것일 뿐이라는 이유로 위헌이 아니라는 것이 대법원 판례이다.

32 사형제도와 관련된 다음 설명 중 옳지 않은 것은?

① 대법원이나 헌법재판소의 현재의 판례는 사형제도가 헌법에 위반되지 않는다고 한다.

② 사형제도를 위헌이라고 주장하는 측에서 내세우는 기본권 중 하나인 생명권은 우리 헌법상 명문의 규정은 없지만 헌법재판소 판례에서도 이를 인정하고 있다.

③ 형사소송법에 따르면 사형을 선고받은 피고인은 상소를 포기할 수 없다.

④ 비상계엄하의 군사재판에서 사형을 선고한 경우에도 단심으로 할 수 있다.

33 다음 중 우리 헌법상 보장된 사생활의 비밀과 자유에 대한 설명으로 가장 옳지 않은 것은?

① 인간의 존엄과 가치에 기초한 인격권적 성격과 자유권적 성격 및 그 보호를 위한 청구권적 성격을 동시에 내포하는 권리이다.

② 국정감사 또는 국정조사도 개인의 사생활을 침해할 목적으로 행사되어서는 아니 된다.

③ 사생활의 비밀과 자유에 대한 불가침뿐만 아니라 자기에 대한 정보를 통제할 수 있는 권리를 포함한다.

④ 사생활의 보호와 언론의 자유가 충돌하는 경우에는 언제나 사생활의 보호가 우선되어야 한다.

34 언론의 자유에 있어서 액세스(access)권에 대한 설명으로 가장 옳은 것은?

① 언론매체가 취재원에 접근하여 정보를 얻을 수 있는 권리를 말한다.

② 인터넷 등 전자매체를 통하여 필요한 정보에 접근할 수 있는 권리를 말한다.

③ 일반인이 방송 등 언론매체의 편성권에 참여할 수 있는 권리를 말한다.

④ 일반인이 자신의 사상이나 의견을 발표하기 위하여 언론매체에 접근하여 이를 이용할 수 있는 권리를 말한다.

35 종교의 자유에 관한 설명으로 옳지 않은 것은?

① 종교적 집회·결사의 자유는 일반적 집회·결사의 자유보다 고도의 보장을 받는다.

② 종교의 자유는 인간의 권리로서, 내국인뿐만 아니라 외국인·무국적자에게도 인정된다.

③ 종교의 자유는 제3자의 침해와 간섭도 배제하는 제3자적 효력을 갖는다.

④ 정신적·이념적 목적실현을 위한 단체인 경향기업이라 할지라도 구성원의 신조를 고용조건으로 삼아서는 안 된다.

36 다음 중 재산권에 관한 설명으로 옳지 않은 것은?

① 자연인뿐만 아니라 법인도 재산권의 주체가 될 수 있다.

② 상속권은 헌법상 보장되는 재산권의 객체가 아니다.

③ 공공필요에 의한 재산권의 제한에는 공용수용·공용사용·공용제한이 있다.

④ 헌법재판소는 구 국토이용관리법상 토지거래허가제는 위헌이 아니라고 결정하였다.

37 재판을 받을 권리에 관한 다음 설명 중 옳지 않은 것은?

① 모든 국민은 헌법과 법률이 정한 법관에 의하여 법률에 의한 재판을 받을 권리를 가진다.

② 군인 또는 군무원이 아닌 국민은 대한민국의 영역 안에서는 중대한 군사상 기밀·초병·초소·유독음식물 공급·포로·군용 등에 관한 죄 중 법률이 정한 경우와 비상계엄이 선포된 경우를 제외하고는 군사법원의 재판을 받지 아니한다.

③ 형사피고인은 유죄판결이 선고될 때까지만 무죄로 추정된다.

④ 형사피해자는 법률이 정하는 바에 의하여 당해 사건의 재판절차에서 진술할 수 있다.

38 사회적 기본권의 법적 성격과 구제방법에 관한 설명으로 옳지 않은 것은?

① 사회적 기본권은 입법에 의해 구체화되기 전에는 그 보장내용이 명확하지 아니한 특징이 있다.

② 사회적 기본권은 행정당국에 대하여 직접 급부를 청구할 권리의 근거로는 원칙적으로 인정되지 아니한다.

③ 헌법재판소는 마약거래범죄자인 북한이탈주민을 보호대상자로 결정하지 않을 수 있도록 한 규정에 대하여 인간다운 생활을 할 권리를 침해한다고 결정하였다.

④ 자유권적 기본권에 부가된 법률유보와 사회적 기본권에 부가된 법률유보는 그 성질이 다르다고 보아야 한다.

39 현행 헌법상 국민의 기본적 의무에 관한 다음 설명 중 옳지 않은 것은?

① 외국인도 납세의무의 주체가 될 수 있다.
② 국방의 의무는 일신전속적인 성격을 갖는다.
③ 교육을 받게 할 의무는 초등교육과 대학교육을 제외한 나머지 교육을 대상으로 한다.
④ 현행 헌법은 근로의 의무를 법률로 정하도록 규정하고 있다.

40 대의제의 원리에 대한 다음 설명 중 옳지 않은 것은?

① 대의제의 원리는 간접민주주의와 관련이 깊다.
② 국가기관 구성권과 국가의사 결정권이 분리된다.
③ 대의제는 기속위임일 수밖에 없다.
④ 대의제의 원리는 책임정치의 실현에 기여한다.

41 다음 중 초여름 우리나라의 장마에 영향을 주는 한랭다습한 기단은 어느 것인가?

① 오호츠크해기단
② 시베리아기단
③ 양쯔강기단
④ 북태평양기단

42 종목의 인원이 틀린 것은?

① 럭비 – 15명
② 아이스하키 – 6명
③ 핸드볼 – 7명
④ 미식축구 – 12명

43 다음 설명 중 입체파(cubism)와 관계없는 것은?

① 대표 작가는 피카소, 브라크, 레제 등이다.

② 다양한 시점에서 바라본 형태가 공존하기도 한다.

③ '자연을 원축, 원통, 구(球)로 파악한다'는 세잔느의 말이 입체파의 계시가 되었다.

④ 입체파 화가들의 폭발적인 색채감각이 현대추상운동을 이끌었다.

44 문화에 관한 설명 중 옳지 않은 것은?

① 문화란 인류의 지식, 신념, 행위의 총체로 자연과의 상호작용으로 발생한다.

② 물질문화의 변화 속도가 정신문화보다 빠르다.

③ 문화는 인간이 태어날 때 이미 내재되어 있다.

④ 문화는 지속적으로 변화한다.

45 HDTV에 대한 설명 중 옳지 않은 것은?

① TV화면의 가로 대 세로의 비율이 16:9이다.

② CD수준의 음향을 제공할 수 있다.

③ 일본은 하이비전(Hi-Vision)이라는 디지털방식의 HDTV를 세계 최초로 개발하였다.

④ EUREKA는 유럽이 추진한 아날로그방식의 HDTV 개발프로젝트였다.

46 다음 중 연결이 잘못된 것은?

① 허리케인 – 카리브해

② 사이클론 – 대서양

③ 윌리윌리 – 오스트레일리아

④ 태풍 – 동남아시아

47 다음 중 근대5종이 아닌 것은?

① 펜싱　　　　　　　　　　② 수영
③ 양궁　　　　　　　　　　④ 승마

48 합창, 중창, 독창 등으로 구성된 대규모의 성악곡은?

① 세레나데　　　　　　　　② 칸타타
③ 랩소디　　　　　　　　　④ 콘체르토

49 포스트모더니즘(postmodernism)에 대한 설명으로 옳은 것은?

① 1960년대에 일어난 문화운동으로 모더니즘으로부터의 단절과 지속적인 성격을 동시에 지니고 있다.

② 제1차 세계대전 후의 근대주의로 독창성과 고상함을 중요시여기고 합리주의 · 기능주의와 연결되어 비교적 단순하고 증명력 있는 것을 추구했다.

③ 1920년대에 걸쳐 유럽의 여러 도시에서 일어난 반 예술운동으로 인간생활에 대한 항의 아래 전통적인 것을 부정하고 혼란과 무질서함을 그대로 표현하려는 과도기의 사상이다.

④ 제1차 세계대전 때부터 유럽에서 일어난 예술운동으로 기성관념을 부정하고 새로운 것을 이룩하려 했던 입체파, 표현주의 등을 통틀어 일컫는 말이다.

50 신문·방송에 관련된 다음 용어 중 설명이 옳지 않은 것은?

① 커스텀 커뮤니케이션(custom communication) : 특정 소수의 사람들을 상대로 전달되는 통신체계

② 엠바고(embargo) : 기자회견이나 인터뷰의 경우 발언자의 이야기를 정보로서 참고할 뿐 기사화해서는 안 된다는 조건을 붙여하는 발표

③ 전파월경(spillover) : 방송위성의 전파가 대상지역을 넘어서 주변국까지 수신이 가능하게 되는 현상

④ 블랭킷 에어리어(blanket area) : 난시청지역

51 다음에서 설명하는 단어의 첫 글자를 조합하여 만들 수 있는 단어는?

> • PC통신에 사용되는 파일 전송 프로토콜의 종류로 X모뎀, Y모뎀 등에서 부족한 기능이 포함되어 있다. 수신자의 응답을 기다리지 않고 여러 개의 파일을 한꺼번에 전송할 수 있다.
> • 정부재정 건전화 방안 중 하나로 정부 지출 정책 추진 시 재원확보를 위한 대책을 함께 검토하도록 하는 원칙
> • 기업이 어느 정도 타인자본에 의존하고 있는가를 측정하기 위한 비율이며 일명 부채성 비율이라고도 한다.

① plz   ② PPL

③ LED   ④ lol

52 밑줄 친 ㈎에 해당하는 역사서에 대한 설명으로 옳은 것은?

> 서울대가 2006년 일본에서 환수된 ___㈎___ 의 오대산 사고본 47책에 규장각 소유임을 밝히는 장서인을 찍었다. 환수 직후에 그랬다고 한다. 이를 두고 지금 국보훼손 논란이 뜨겁다. 문화재위원회는 1973년 ___㈎___ 을/를 국보 제151호로 지정했다. 이때 향후 추가로 발견되는 낙권 낙장에 대해서도 국보로 지정한다고 '지정 예고'를 의결했다. 앞으로 일본에서 환수될 오대산 사고본을 염두에 둔 조치였다. 그러나 문화재위원회의 지정예고 의결을 정면으로 무시한 문화재청의 서울대 편들기를 어떻게 이해해야 할지 난감할 따름이다.

① 민간에서 구전되어 온 설화를 수집하여 기록하였다.
② 최초로 발해의 역사에 대해서 언급하였다.
③ 간경도감에서 제작되었다.
④ 사관이 기록한 사초를 바탕으로 편찬하였다.

53 앨빈 토플러가 말한 권력의 원천 중 고품질의 권력에 해당하는 깃은?
① 부(富)   ② 권위
③ 폭력   ④ 지식

54 다음 중 스페인에서 행해지는 축제가 아닌 것은?
① 산 페르민   ② 라 토마티나
③ 라스 팔라스   ④ 옥토버페스트

55 국제 투기자본이 나라 경제를 교란시키는 걸 막기 위해서 단기 외환거래에 저율의 단일 세율로 부과하는 세금을 무엇이라 하는가?

① 버핏세   ② 토빈세

③ 로빈후드세   ④ 관세

56 일차상품의 수출에 의지하며 빈부격차와 부패, 쿠데타, 외세 개입 등으로 정치·사회적 불안이 일상화된 제3세계 국가를 가리키는 용어는?

① 바나나 공화국   ② 커피 공화국

③ 오스탤지어   ④ 노스탤지어

※ 지문을 읽고 지문에서 설명하는 이것을 고르시오. 【57~59】

57

- 동태평양에서 평년보다 0.5도 낮은 저 수온 현상이 5개월 이상 일어나는 이상해류현상
- 세계 각 지역에 장마, 가뭄, 추위 등 각기 다른 영향을 끼치지만 아직까지 발생과정이나 활동주기에 대해 뚜렷하게 밝혀진 것은 없음.
- 에스파냐어로 '여자아이'를 뜻함.

① 무역풍   ② 스콜

③ 라니냐   ④ 엘니뇨

58

이 이론은 미국 캘리포니아 대학의 한 심리학자가 연구한 이론으로 그는 이 연구를 통해 의사소통에서 대화의 내용(어휘)이 차지하는 비중은 7%에 불과하고 표정·태도·몸짓이 55%, 목소리·말투가 38%로 말보다 비중이 높다는 결과를 얻어 냈다. 즉 이 이론은 대화에서 시각과 청각 이미지가 중요시된다는 커뮤니케이션 이론이다.

① 초두효과(Primary Effect)
② 디드로 효과(Diderot Effect)
③ 메라비언의 법칙(The Law of Mehrabian)
④ 빈발효과(Frequency Effect)

59

이것은 경도가 0도인 영국 그리니치 천문대의 180도 반대쪽인 태평양 한가운데(경도 180도)로 북극과 남극 사이 태평양 바다 위에 세로로 그은 가상의 선이다. 이 선은 같은 시간대 내에 속한 지역에 대해서는 날짜가 달라서 올 수 있는 혼란을 피하기 위해, 사람이 사는 섬이나 육지를 피해서 동일지역은 하나로 묶어 만든 것이다. 이 선을 기준으로 하여 서에서 동으로 넘을 때는 날짜를 하루 늦추고 동에서 서로 넘을 때는 하루를 더한다.

① 날짜변경선
② 본초자오선
③ 적도저압대
④ 아열대고압대

60 다음 활동을 펼친 인물로 옳은 것은?

> 황성신문 및 대한매일신보의 주필로 활동한 그는 합병 후 대한민국 임시정부에 합류하
> 며 국민 대표 회의의 창조파로 활동하였다. 이후 〈조선 혁명 선언〉을 통해 민중의 직접
> 혁명을 강조하였으며 대표적 저술로는 〈조선 상고사〉, 〈조선사 연구초〉 등이 있다.

① 신채호   ② 박은식
③ 정인보   ④ 백남운

61 다음은 정학유의 「농가월령가」의 한 부분이다. 몇 월령인가?

> ○월은 중춘이라, 경칩 춘분 절기로다.
> 초엿샛날 좀생이로 풍년 흉년 안다 하며
> 스무 날 날씨보아 대강은 짐작하니
> 반갑다 봄바람에 변함없이 문을 여니
> 말랐던 풀뿌리는 속잎이 트기 시작하고
> 개구리 우는 곳에 논물이 흐르도다.
> 멧비둘기 소리 나니 버들 빛이 새롭구나.

① 2월령(2月令)
② 3월령(3月令)
③ 4월령(4月令)
④ 5월령(5月令)

62 다음 지문에서 공통으로 유추할 수 있는 것은?

> ㉠ 이것은 음력 3월에 드는 24절기의 다섯 번째 절기로 하늘이 차츰 맑아진다는 뜻을 지닌 말이다. 이 날은 한식 하루 전날이거나 같은 날일 수 있으며, 춘분과 곡우 사이에 있다.
>
> ㉡ 24절기의 여섯 번째 절기로 청명과 입하 사이에 있으며, 음력 3월 중순 경이고 양력 4월 20일 무렵에 해당한다. 봄비가 내려 백곡을 기름지게 한다는 뜻이다.
>
> ㉢ 24절기 중 여덟 번째 절기로 음력 4월에 들었으며, 양력으로는 5월 21일 무렵이다. 입하와 망종 사이에 들어 햇볕이 풍부하고 만물이 점차 생장하여 가득 찬다는 의미가 있다.
>
> ㉣ 24절기 중 아홉 번째에 해당하는 절기로 소만과 하지 사이에 들며 음력 5월, 양력으로는 6월 6일 무렵이 된다. 벼, 보리 같이 수염이 있는 까끄라기 곡식의 종자를 뿌려야 할 적당한 시기라는 뜻이다.

① 봄   ② 비
③ 농사   ④ 여름

63 다음 괄호 안에 들어갈 알맞은 절기는?

> (　) 추위는 꾸어다가라도 한다.

① 소한   ② 대설
③ 대한   ④ 동지

64 다음과 관련 있는 인물은?

> ㉠ 호랑이로 하여금 당시 조선 유학자들의 곡학아세와 부정한 행위에 대해 비판하고 더
> 나아가 조선후기 사회의 모순에 대해 풍자 비판한 작품
> ㉡ 비천한 거지의 순진성과 거짓 없는 인격을 그려 양반이나 서민이나 인간은 모두 똑
> 같다는 것을 강조하고 권모술수가 판을 치던 당시 양반사회를 은근히 풍자한 작품
> ㉢ 유능한 재주와 포부를 가지고 있으면서도 펼 수 없는 조선 말기의 무반 계통을 풍자
> 적으로 설정한 작품

① 유득공   ② 박제가
③ 박지원   ④ 정약용

65 다음 중 등장하지 않는 동물은?

> ㉠ 무장공자(無腸公子)로써 사람들의 썩은 창자 및 부도덕을 풍자함.
> ㉡ 영영지극(營營之極)으로써 인간이란 골육상쟁을 일삼는 소인들이라고 매도함.
> ㉢ 쌍거쌍래(雙去雙來)로써 문란해진 부부의 윤리를 규탄함.
> ㉣ 반포지효(反哺之孝)로써 효심을 잃은 요즘 청년들을 비판함.

① 호랑이   ② 원앙
③ 게   ④ 파리

66 다음에서 설명하는 용어와 관련된 색의 물감을 섞어서 만들 수 있는 색은?

> • 블루칩에 비해 가격이 낮고 업종내 위상도 블루칩에 못 미치는 종목군으로 시가총액이 작지만 재무구조가 안정적이고 각 업종을 대표하는 우량종목
> • 어떤 대상이 변화를 하더라도 주변 환경이나 경쟁 대상이 더 빠르게 변화함에 따라 상대적으로 뒤쳐지게 되는 원리

① Pink   ② Blue Sky
③ Purple   ④ Orange

67 다음 빈칸에 들어갈 용어로 가장 적절한 것은?

> 외교부는 27일 주중국대사에 김○○ 전 국가안보실장을, 주프랑스대사에는 모○○ 전 대통령비서실 교육문화수석비서관을 선임하는 등 대사 14명에 대한 인사를 발표했다. 이들은 주재국가에서 (　　　) 절차가 마무리됨에 따라 이날 대통령으로부터 신임장을 받게 된다.

① 농 르풀망   ② 아타셰
③ 모두스 비벤디   ④ 아그레망

68 다음 중 사무실내 호칭 예절이 옳지 않은 것은?
① 김과장은 상사에게 자기를 지칭할 때 "김과장입니다."라고 하였다.
② 김부장은 국장님의 이름을 모르기 때문에 직위에만 '님'의 존칭을 붙였다.
③ 동급자이나 나보다 연장자이기 때문에 '님'을 붙였다.
④ 상사에 대한 예의를 지키기 위해 문서에도 상사의 존칭을 써서 '부장님 지시'라고 하였다.

69 다음에 제시한 유물과 관계가 깊은 시대에 대한 설명 중 가장 옳은 것은?

> 반달 돌칼, 홈자귀, 미송리식 토기, 붉은 간토기

① 이 시대에는 철기로 농기구를 제작하여 사용함으로써 농업생산력이 증대되고 경제기반이 확대되었다.

② 이 시대의 대표적인 유적으로서 부산 동삼동 조개더미, 제주도 한경 고산리 유적 등을 들 수 있다.

③ 이 시대에는 생산력의 증가에 따라 잉여 생산물이 생기자 힘이 센 자가 이것을 개인적으로 소유하는 사유재산이 나타났다.

④ 이 시대의 후기에 이르러 사람들은 석회암이나 동물의 뼈 또는 뿔 등을 이용하여 조각품을 만들었는데, 조각품에는 당시 사람들의 주술적인 기원이 담겨 있었다.

70 웹 브라우저를 통하여 여러 웹 사이트를 검색하다가 다음에 다시 방문하고 싶은 사이트를 발견하면 그 주소를 등록해 두었다가 다음에 쉽게 다시 연결할 수 있도록 하는 기능을 무엇이라고 하는가?

① 버퍼링(Buffering)　　　　② 즐겨찾기(Bookmark)

③ 캐싱(Caching)　　　　　　④ 쿠키(Cookie)

71 불황 시 적은 돈으로 만족을 추구하는 현상은?

① 언더독 효과　　　　　　② 밴드웨건 효과

③ 립스틱 효과　　　　　　④ 네트워크 효과

72 셰일가스에 대한 설명 중 옳지 않은 것은?

① 미국, 중국, 중동, 러시아 등 전 세계적으로 고르게 분포되어있다.

② 2010년대에 들어 가장 주목받는 에너지원이다.

③ 셰일층 위에 대리석 등 가스가 통과하기 어려운 암석층이 있어 셰일 층에 머물러 있는 가스이다.

④ 1800년대에 발견된 이후로 꾸준히 채굴되어 생산되고 있다.

73 세라믹이란 광물에 열을 가하여 만든 무기재료이다. 다음 중 세라믹에 대한 특징으로 옳은 것은?

① 마찰에 잘 닳지 않는다.

② 화학적 침식에 약하다.

③ 잘 깨지지 않고, 가공이 어렵다.

④ 결정구조가 단순하다.

74 다음 보기와 관련된 조선시대 조직으로 가장 적절한 것은?

> 경남 사천에서 발견된 사천 매향비는 향나무를 묻고 세운 것으로, 내세의 행운과 국태민안(國泰民安)을 기원하는 내용을 담고 있다.

① 두레　　　　　　　　　　② 향약

③ 향도　　　　　　　　　　④ 동계

75 실업률과 화폐임금상승률 사이에 매우 안정적인 함수관계가 있음을 나타내는 그래프 모델로 원래는 화폐임금상승률과 실업률 사이의 관계로 표시되지만 물가상승률과 실업률 사이의 관계로 표시되기도 하는 그래프는?

① 로렌츠 곡선   ② 래퍼곡선
③ 필립스 곡선   ④ 단기공급곡선

76 다음 (   ) 안에 들어갈 알맞은 말은?

> (   )은/는 원래 프랑스에서 비롯된 제도인데 독일은 제1차 세계대전 이후 엄청난 전쟁배상금 지급을 감당할 수 없어 (   )을/를 선언했고 미국도 대공황 기간 중인 1931년 후버 대통령이 전쟁채무의 배상에 대하여 1년의 지불유예를 한 적이 있는데 이를 후버 (   )라/이라 불렀다고 한다. 이외에도 페루, 브라질, 멕시코, 아르헨티나, 러시아 등도 (   )을/를 선언한 바가 있다.

① 모블로그   ② 모라토리움 신드롬
③ 서브프라임 모기지론   ④ 모라토리엄

77 유연성이 풍부한 자동화 생산라인으로서 '다품종 소량생산시대'를 맞이하는 데 기여하고 있는 것은?

① CAM   ② FMS
③ ZD   ④ CPM

78 소득이 증가함에 따라 주거비용의 지출은 증가하지만 이것이 소비지출 중 차지하는 비중은 점차 작아진다는 법칙은?

① 슈바베의 법칙　　　　　　　　② 엥겔의 법칙

③ 세이의 법칙　　　　　　　　　④ 제본스의 법칙

79 다음 중 경제관련 체계 중 성격이 다른 하나는?

① FTA　　　　　　　　　　　② EU

③ WTO　　　　　　　　　　　④ NAFTA

80 다음 중 매슬로우의 욕구단계이론에 포함되지 않는 욕구는?

① 생리적 욕구　　　　　　　　　② 성취의 욕구

③ 애정과 공감의 욕구　　　　　　④ 존경의 욕구

81 고려 문종의 넷째 아들로 불교 전적을 정비하고 「고려속장경」을 간행하였으며, 천태종을 세워 불교 교단의 통일과 국가의 발전을 도모한 이 승려는 누구인가?

① 의상　　　　　　　　　　　② 지눌

③ 의천　　　　　　　　　　　④ 혜심

82 1987년부터 2006년까지 18년간 네 번이나 미국 연방준비제도이사회(FRB) 의장을 역임한 인물로, '세계의 경제 대통령', '미국 경제의 조타수', '통화정책의 신의 손' 등으로 불린 사람은?

① 빌 게이츠　　　　　　　　② 앨빈 토플러

③ 앨런 그린스펀　　　　　　④ 조지 소로스

83 다음 중 현재와 비교하여 6개월 후의 경기, 생활형편, 소비지출 등에 대한 소비자들의 기대를 나타내는 지표를 의미하는 것은?

① 소비자동향지수　　　　　　② 경기종합지수

③ 소비자물가지수　　　　　　④ 소비자신뢰지수

84 트로이카주에 해당하지 않는 것은?

① 은행　　　　　　　　　　　② 건설

③ 조선　　　　　　　　　　　④ 무역

85 다음 중 다이아몬드와 관련이 있는 결합은?

① 수소결합　　　　　　　　　② 공유결합

③ 이온결합　　　　　　　　　④ 금속결합

86 다음 중 조선의 문화·예술에 대한 설명으로 가장 적절한 것은?

① 아악의 종류로는 가사, 시조, 가곡 외에 각 지방의 민요와 판소리 등이 있었다.

② 안견은 '몽유도원도'를 통해 우리나라 산천의 아름다움을 사실적으로 그렸다.

③ 궁궐, 관아, 성문, 학교 건축이 발달했던 고려시대와 대조적으로 사원 건축이 발달하였다.

④ 15세기에 고려자기의 비법을 계승한 분청사기가 유행하였으나, 16세기에는 백자가 유행하였다.

87 조선 실학자들의 토지개혁론에 대한 다음 설명 중 가장 적절하지 않은 것은?

① 정약용은 「반계수록」에서 정전론을 주장하였다.

② 이익의 한전론은 영업전 이외의 토지 매매 허용을 주장하였다.

③ 정약용의 여전론은 토지 공동 소유·경작, 수확물 공동 배분을 주장하였다.

④ 유형원의 균전론은 신분에 따른 토지 차등 분배를 주장하였다.

88 대한민국 임시정부에 관한 다음 설명 중 가장 적절하지 않은 것은?

① 외교를 위해 미국, 이탈리아, 독일에 각각 위원부를 두었다.

② 교통국을 두고 연통제를 실시하였다.

③ 기관지로 독립신문을 간행하였다.

④ 우리 역사상 최초의 공화제 정부였다.

89 표현형이 우성인 개체의 유전자형이 순종인지 잡종인지를 알 수 있는 방법으로 옳은 것은?

① 또 다른 우성의 개체와 교배한다.

② 열성의 개체와 교배한다.

③ 확률상 순종보다 잡종이 나올 경우가 더 많으므로, 잡종으로 간주한다.

④ 우성과 열성 모두와 교배하여 나오는 자손을 섞어 분리비를 알아본다.

90 다음 기사의 밑줄 친 내용의 역사적 배경에 대한 활동으로 가장 알맞은 것은?

터키, EU가입 가능할 것인가

터키의 EU(유럽연합) 가입 협상을 놓고 터키가 과연 EU에 가입할 수 있을지에 대한 국제적 관심이 높아지고 있다.

대부분의 전문가들은 터키가 EU에 가입하는 것에 적지 않은 어려움이 있을 것으로 예상하고 있다. 일부 EU 회원국의 과거 왕조와 터키의 전신인 오스만 제국이 오랫동안 대립했기 때문이다.

① 탈라스 전투의 결과에 대해 조사한다.

② 백년 전쟁의 원인과 결과에 대해 찾아본다.

③ 정통 칼리프 시대의 정복 활동에 대해 찾아본다.

④ 이슬람 세력의 동유럽 정복에 대해 조사한다.

91 제1차 세계대전과 관계없는 것은?

① 신성동맹   ② 연합군과 동맹군의 싸움

③ 오스트리아와 황태자 부처 암살   ④ 범슬라브주의와 범게르만주의와의 대립

92 다음 중 밑줄 친 '이것'에 대한 설명으로 옳지 않은 것은?

> 이것은 직접적인 무력을 사용하지 않고 경제·외교·정보 등을 수단으로 하는 국제적 대립이다. 제2차 세계대전이 끝나고 소련은 점령지에 공산주의 정권을 세우고, 자본주의 진영의 접근을 차단하였으며 미국은 그리스 사태를 계기로 사회주의 봉쇄 정책을 취하였다. 이른바 '철의 장막'을 사이에 둔 동서 양 진영의 대립은 베를린 봉쇄와 쿠바 미사일 위기로 격화되었다.

① 한국을 남과 북으로 나누게 된 계기가 되었다.
② 이후 미국과 소련이 경쟁적으로 핵무기와 미사일을 개발하였다.
③ 마셜 계획의 추진에 영향을 주었다.
④ 독·소 불가침조약이 체결되는 계기가 되었다.

93 다음 설명하고 있는 사상에 대해 옳지 않은 것은?

> 1860년 서하에 대항하여 창시된 종교로 "사람이 곧 하늘이다" 이라는 인내천 사상을 기본으로 하는 평등사상을 제시하였다.

① 유불선 사상을 바탕으로 민간 신앙을 결합하였다.
② 주문과 부적 등 민간신앙의 요소들을 결합하여 민중적 성격을 지녔다.
③ 혹세무민의 사교로 규정되어 교주인 최제우가 처형되었다.
④ 정조 때는 비교적 관대하였으나 순조 즉위 후 대대적인 탄압이 가해졌다.

94 위그노전쟁을 끝맺고 프랑스가 종교분쟁에서 해방된 것은?

① 수장령
② 아우구스부르크 종교화의
③ 낭트칙령
④ 베스트팔렌조약

95 다음 중 금인칙서와 관계가 없는 것은?

① 7인의 대제후
② 황제 선거권
③ 1356년
④ 프랑스의 분열조장

96 깨우침에 의해서 고뇌를 넘어선 각자의 평화로운 정신 상태를 일컫는 불교용어는?

① 법신(法身)
② 열반(涅槃)
③ 윤회(輪廻)
④ 파문(破門)

97 다음 중 불꽃반응 색이 보라색을 나타내는 금속은?

① Li
② Na
③ Ba
④ K

98 다음의 현상을 설명할 수 있는 것은?

> 시속 50km로 달리고 있는 기차를 택시가 뒤에서 시속 70km로 따라잡으려할 때 택시 승객에게는 기차의 기적소리가 본래 음보다 높은 음으로 들린다.(바람이 불지 않을 경우)

① 베르누이의 법칙
② 운동의 제3법칙
③ 허블의 법칙
④ 도플러효과

99 다음 중 소크라테스의 사상으로 적합하지 않은 것을 고르면?

① 자기를 아는 것이 가장 근원적인 문제이다.

② 진리는 상대적이고 주관적이다.

③ 인간의 본질은 이성(理性)에 있으며 이성의 기능은 지혜를 찾는데 있다고 보았다.

④ 대화의 방식으로서 진리를 밝힐 수 있다.

100 고대 그리스의 철학자 아리스토텔레스는 인생의 목적을 어디에 두었는가?

① 쾌락의 추구
② 마음의 평정(ataraxia)
③ 행복의 실현
④ 부동심의 경지(apatheia)

제3회

모의고사

1 다음 중 연결이 옳지 않은 것은?

① 최초의 가사 – 상춘곡

② 최초의 순(純)문예동인지 – 폐허

③ 최초의 한문소설 – 금오신화

④ 최초의 한글소설 – 홍길동전

2 맞춤법에 맞게 표기된 것은?

① 삭월세   ② 웃어른

③ 가까와   ④ 무자기

3 조기 한 손, 마늘 세 접, 오징어 두 축의 합계는?

① 52   ② 117

③ 262   ④ 342

4 월북 작가 홍명희의 작품은 무엇인가?

① 태평천하   ② 임꺽정

③ 카인의 후예   ④ 상록수

5 어떤 문제에 대해 여러 분야의 전문가가 미리 원고를 준비하여 강연식으로 의견을 발표하고, 일반 참가자의 질의를 받는 형식의 토의형태는?

① 패널(panel)

② 심포지엄(symposium)

③ 포럼(forum)

④ 배심토의

6 다음 중 표준어가 아닌 것은?

① 백분율   ② 입학율

③ 시청률   ④ 나열

7 다음 중 '헤살(을) 놓다'라는 말의 뜻은?

① 아주 잘 익어서 무르녹다.

② 짓궂게 훼방함. 또는 그러한 짓을 이르는 말을 뜻한다.

③ 함부로 우겨대다. 남을 견디기 어렵도록 볶아치다.

④ 믿음성이 있다. 진실하다.

8 '하물며'라는 뜻을 가진 한자어는?

① 畢竟   ② 故意
③ 況且   ④ 可況

9 나이를 부르는 한자어 중 옳지 않은 것은?

① 志學－20세
② 不惑－40세
③ 知天命－50세
④ 古稀－70세

10 뜻이 비슷한 글자로 이루어진 한자어가 아닌 것은?

① 濃淡   ② 姿態
③ 敦篤   ④ 弛緩

11 '渦中'의 설명이나 쓰임이 옳지 않은 것은?

① 소용돌이치며 흘러가는 물의 가운데
② 분란한 사건의 가운데
③ 사건의 와중에 휩쓸려 들다.
④ 사물의 진행·경과한 길

12 '입추의 여지가 없다'와 '누란의 위기'에서 '추'와 '란'에 해당하는 한자는?

① 推 - 難
② 秋 - 蘭
③ 錐 - 卵
④ 楸 - 卵

13 다음 중 '標識, 閉塞, 內人, 相殺'의 독음이 맞는 것은?

① 표지, 폐색, 나인, 상쇄
② 표지, 폐새, 나인, 상쇄
③ 표식, 폐세, 내인, 상살
④ 표식, 폐색, 내인, 상쇄

14 다음 ( ) 안에 들어갈 한자를 순서대로 나열한 것은?

㉠ 苟( )誅求	㉡ ( )目相對
㉢ 自家( )着	㉣ 畵龍點( )

① 刮-童-睛-斂
② 靑-刮-斂-撞
③ 斂-刮-撞-靑
④ 斂-刮-撞-睛

15 다음 중 평범한 사람을 의미하는 한자어에 해당하지 않는 것은?

① 樵童汲婦
② 張三李四
③ 匹夫匹婦
④ 白面書生

16 다음 중 속한 계절이 다른 하나는?

① 冬至　　　　　　　　　　② 處暑

③ 白露　　　　　　　　　　④ 霜降

17 400만 명의 관객을 모으며 관심이 모아진 영화 도가니의 원작소설 작가는?

① 공지영　　　　　　　　　② 김훈

③ 조정래　　　　　　　　　④ 고은

18 다음 중 표준어로 옳지 않은 것은?

① 맨날, 묫자리

② 걸리적거리다, 두리뭉실하다

③ 손주, 횡하니

④ 찌뿌둥하다, 새초롬하다

19 우리나라 최초로 신인추천제를 실시하였으며 많은 현대시조 작가를 배출한 순수문예지는?

① 문장　　　　　　　　　　② 소년

③ 청춘　　　　　　　　　　④ 인문평론

20 다음 중 데카당스와 관계없는 문예사조는?

① 관능주의   ② 고전주의

③ 탐미주의   ④ 퇴폐주의

21 다음 중 헌법에 관한 설명으로 옳은 것은?

① 경성헌법은 헌법생활의 변천에 신축적으로 적응할 수 있다는 장점이 있다.

② 형식적 의미의 헌법에는 실질적 의미의 헌법이 모두 포함되어 있다.

③ 헌법의 효력은 국가권력에 의하여 완전히 보장될 수 있다.

④ 실질적 의미의 헌법과 고유한 의미의 헌법은 헌법의 형식보다 그 내용을 중시한다는 점에서 동일하다.

22 다음 중 국적에 관한 설명으로 옳지 않은 것은?

① 출생한 당시에 부 또는 모가 대한민국의 국민인 자는 출생과 동시에 대한민국의 국적을 취득한다.

② 인지에 의하여 국적을 취득할 수 있는 자는 민법에 의하여 미성년자이어야 한다.

③ 복수국적자가 된 자는 만 20세가 되기 전까지 하나의 국적을 선택하여야 한다.

④ 대한민국 국적을 상실한 자는 대한민국 국민이 아니면 향유할 수 없는 양도가능한 권리를 별도의 규정이 없는 한 3년 내에 대한민국 국민에게 양도하여야 한다.

23 헌법전문의 내용으로 볼 수 없는 것은?

① 조국의 민주개혁과 평화적 통일의 사명
② 권력분립
③ 자유와 권리에 따르는 책임과 의무
④ 자유민주적 기본질서

24 기본권에 관한 설명 중 옳지 않은 것은?

① 공법인은 공권력의 행사주체로서 기본권을 실현하고 보호해야 할 권한과 책임을 지고 있으므로 원칙적으로 기본권 주체성을 인정할 수 없다.
② 도로교통법, 윤락행위방지법 등은 질서유지를 위하여 기본권을 제한하는 법률의 예이다.
③ 기본권 제한에 있어서 과잉금지의 원칙이란 목적의 정당성, 방법의 적정성, 피해의 최소성, 법익의 균형성의 원칙을 말하는 것으로 이 중 어느 하나라도 충족시키지 못하면 위헌이 된다는 원칙을 말한다.
④ 이른바 특별권력관계에 있는 자에 대하여 현행 헌법 자체가 직접 기본권을 제한하는 규정을 두고 있지는 않다.

25 기본권의 내재적 한계에 대한 설명으로 가장 옳지 않은 것은?

① 내재적 한계는 헌법이나 법률에 근거가 없음에도 불구하고 기본권을 제한할 수 있는가 하는 문제가 제기될 때 비로소 등장한다.
② 법률에 의한 기본권의 제한과 관계없이 기본권에 본질적으로 내포되어 있는 한계이다.
③ 헌법재판소는 기본권의 내재적 한계를 인정하지 않는다.
④ 기본권 속에서 일종의 불문의 한계를 찾아냄으로써 기본권에 대한 불가피한 제한을 정당화시키려는 논리형식이다.

26 행복추구권에 관한 다음 설명 중 옳지 않은 것은?

① 행복추구권은 제5공화국 헌법에서 명문화된 기본권이다.

② 행복추구권은 헌법에 열거되지 아니한 자유와 권리까지도 그 내용으로 하는 포괄적 기본권이다.

③ 대법원은 인간이 자신이 먹고 싶은 음식이나 마시고 싶은 음료수를 자유롭게 선택할 수 있는 것도 행복추구권의 내용이 된다고 판시하였다.

④ 헌법재판소는 국민이 행복을 추구하기 위하여 필요한 급부를 국가에게 적극적으로 요구할 수 있는 것도 행복추구권의 내용이 된다고 판시하였다.

27 평등권에 관한 설명으로 옳지 않은 것은?

① 남녀의 사실적·생리적 차이에 의한 차별은 인정된다.

② 판사임용자격에 일정 기간 법조경력을 요구하는 법원조직법 부칙은 평등권을 침해하지 않는다.

③ 무소속 후보자보다 정당공천 후보자에게 유리한 선거제도는 선거운동의 기회균등의 원칙에 위배되어 어떠한 경우에도 허용될 수 없다.

④ 잠정적 우대조치(affirmative action)는 기회의 평등보다 결과의 평등을 추구한다.

28 다음 중 신체의 자유에 관한 현행 헌법의 규정이 아닌 것은?

① 구속된 피고인은 보석을 청구할 권리가 있다.

② 누구든지 체포 또는 구속을 당한 때에는 적부의 심사를 법원에 청구할 권리를 가진다.

③ 모든 국민은 고문을 받지 아니하며, 형사상 자기에게 불리한 진술을 강요당하지 아니한다.

④ 누구든지 체포 또는 구속을 당한 때에는 즉시 변호인의 조력을 받을 권리를 가진다.

29 사생활의 자유에 관한 설명으로 옳지 않은 것은?

① 도로에서 자동차 운전자가 안전띠 미착용시 처벌하는 도로교통법은 사생활의 비밀과 자유를 침해하는 것이라고 할 수 없다는 것이 헌법재판소의 입장이다.

② 국가기관이 평소의 동향을 감시할 목적으로 공적 인물의 정보를 비밀리에 수집한 경우에 공적 인물은 국민의 알권리의 대상이 되므로 사생활의 비밀과 자유를 침해하는 것이라고는 할 수 없다는 것이 대법원의 입장이다.

③ 대법원에 의하면 언론매체의 위법성조각사유의 입증책임에 관하여 언론사가 악의 없음을 입증해야 한다고 한다.

④ 헌법재판소는 청소년 성범죄자 신상공개가 성매수자의 사생활 비밀의 자유를 침해한 것이라고는 하지 않는다.

30 재판청구권에 관한 설명 중 옳지 않은 것은?

① 군인 또는 군무원이 아닌 국민은 원칙적으로 군사법원의 재판을 받지 아니한다.

② 배심제는 법률의 개정만으로 개정이 가능하므로 재판의 공정성을 위해 도입하는 것이 바람직하다.

③ 비상계엄하의 군사재판은 그 신속한 처리를 위하여 예외없이 단심으로 한다.

④ 재판청구권에는 최고법원인 대법원의 재판을 받을 권리를 당연히 포함한다고 볼 수 없다.

31 인간다운 생활을 할 권리에 대한 설명 중 옳지 않은 것은?

① 인간다운 생활을 할 권리에 관한 헌법규정은 입법부나 행정부에 대해서는 행위규범으로 작용하나, 헌법재판에 있어서는 통제규범으로 작용한다.

② 인간다운 생활을 할 권리의 주체는 자연인인 국민이다.

③ 그 자체가 추상적이고 상대적이어서 그 나라의 문화의 발달, 역사적·사회적·경제적 여건에 따라 어느 정도 달라질 수 있을 것이다.

④ 인간다운 생활을 할 권리는 추상적 권리이므로 생활에 필요한 '최소한의 물질적인 생활의 유지에 필요한 급부를 요구할 수 있는 권리는 도출되지 않는다.

32 다음 설명 중 옳지 않은 것은?

① 국민의 기본적 의무는 국민의 재산과 자유권을 보장하기 위한 제도이다.

② 국민의 의무를 처음으로 규정한 헌법은 1919년 독일의 바이마르 헌법이다.

③ 국민의 의무에는 고전적 의무와 현대적 의무가 있다.

④ 국가의 기본적 의무는 기본적 인권에 대응하는 전국가적 성질의 것이라기보다는 국민의 실정법상의 의무일 뿐이라는 것이 다수설의 입장이다.

33 다음 중 대의제의 개념적 징표라고 볼 수 없는 것은?

① 대표자 등 국민에 대하여 책임을 진다.

② 통치자와 주권적 국민이 통치질서 내에서 구별되고 있다.

③ 명령적(지시적) 위임이 배제되고 자유위임의 원리가 지배한다.

④ 국가기관 구성권과 국가의사 결정권이 통합되어 있다.

34 현행 헌법상 국회에 관한 설명으로 옳지 않은 것은?

① 국채를 모집할 때에는 정부는 미리 국회의 의결을 얻어야 한다.

② 국회의원의 수는 법률로 정하되 200인 이상으로 한다.

③ 국회는 의원을 징계하거나 제명할 수 있는데 이의 처분에 대하여는 법원에 제소할 수 없다.

④ 국회의원은 어떤 경우이건 회기 중 국회의 동의 없이 체포되지 아니하며 회기 전에 체포된 때에는 국회의 요구가 있으면 석방된다.

35 대통령의 지위에 대한 설명 중 옳지 않은 것은?

① 현행 헌법은 국회가 대통령을 선출할 수 있는 가능성을 열어 두고 있다.

② 현행 헌법은 대통령이 사고로 인하여 직무를 수행할 수 있는지의 여부에 대한 결정권을 대법원에 부여하고 있다.

③ 대통령의 피선거권을 선거일 현재 45세에 달하는 자로 제한하는 법률은 헌법에 위반된다.

④ 대통령의 궐위로 인하여 선출된 후임자의 임기는 전임자의 잔임기간이 아니라 당선일로부터 새로이 5년의 임기가 개시된다.

36 우리나라의 법원에 관련된 설명 중 옳지 않은 것은?

① 특허법원에는 일정한 범위 내에서 소송의 심리에 참여할 수 있는 기술심리관을 둔다.

② 행정법원은 제1심 법원이다.

③ 현행 법원조직법상 법관 이외의 일반직원을 사법보좌관으로 임명하여 일정한 사법업무를 담당시킬 수 있는 근거규정이 있다.

④ 대법원장이 궐위된 때에는 법원행정처장이 그 권한을 대행한다.

37 헌법재판소에 관한 설명 중 옳지 않은 것은?

① 헌법재판소의 재판관은 국회에서 선출한 3인의 경우에도 정당에 가입하거나 정치에 관여할 수 없다.

② 헌법재판소는 법관의 자격을 가진 9인의 재판관으로 구성하며, 재판관은 대통령이 임명한다.

③ 헌법재판소에서 법률의 위헌결정, 탄핵의 결정, 정당해산의 결정을 함에는 재판관 6인 이상의 찬성이 있어야 하지만, 헌법소원에 관한 인용결정을 함에는 재판관 과반수의 찬성이 있으면 된다.

④ 헌법재판소의 각종 심판절차에 있어서 당사자인 사인은 변호사를 대리인으로 선임하지 아니하면 심판청구를 하거나 심판수행을 하지 못한다.

38 다음 중 탄핵제도에 관한 설명으로 옳지 않은 것은?

① 탄핵소추권은 국회만이 갖는다.
② 사법권 독립의 원칙상 법관은 탄핵소추의 대상이 되지 않는다.
③ 다른 사람에 대한 탄핵소추와 달리 대통령에 대한 탄핵소추는 국회재적의원 과반수의 발의와 국회재적의원 3분의 2 이상의 찬성이 있어야 한다.
④ 탄핵의 심판은 헌법재판소의 고유한 권한이다.

39 다음 중 감사원에 관한 설명으로 가장 옳지 않은 것은?

① 감사원은 대통령 소속하의 헌법상 기관이지만, 직무에 관하여 독립적인 지위를 가진다.
② 헌법규정상 감사원은 원장을 포함한 5인 이상 11인 이하의 감사원으로 구성된다.
③ 감사원은 감사결과와 관련하여 법령의 개선요구권을 가진다.
④ 감사원은 회계감사와 관련하여 일정한 범위 내에서 독립된 수사권을 가진다.

40 예산에 관한 다음 설명 중 가장 옳지 않은 것은?

① 예산으로서 법률을 개정할 수는 없다.
② 법률 또는 조약에 규정된 세출을 국회가 삭감함은 인정되지 아니한다.
③ 국회의 승인을 얻지 못한 예비비의 지출은 소급하여 효력을 상실한다.
④ 계속비제도는 예산1년주의에 대한 예외를 구성한다.

41 다음은 우리나라 기후에 대한 설명이다. 바르게 설명한 것은?

① 황사현상은 중국 화북지방에서 발달한 한랭전선에 의해 대기권 상층부로 올라간 모래가 무역풍을 타고 우리나라에 불어오는 현상이다.

② 겨울철 한반도를 한랭건조하게 하는 기단은 양쯔강 기단이다.

③ 꽃샘추위란 이른 봄 이동성 고기압의 통과로 따뜻하던 봄 날씨가 동고서저의 기압배치로 시베리아기단이 다시 진출함으로써 단기간의 추위가 다시 나타나는 현상이다.

④ 오호츠크해 기단은 한랭건조하며 높새풍의 원인이 된다.

42 오륜기에 대한 설명으로 옳은 것은?

① 근대 5종 경기와 관련된 역사적 기원

② 인류 평화와 인종 차별 금지

③ 5대륙의 결속과 전 세계 선수들의 만남

④ 페어플레이를 다짐하는 선수들의 약속

43 다음 중 세계기록유산으로 알맞은 것은?

① 훈민정음

② 용비어천가

③ 고려사

④ 삼국유사

44 16~18세기 바로크시대에 변성기를 거치지 않고 소프라노 목소리로 노래했던 거세된 성인남자 성악가를 무엇이라 불렀는가?

① 파리넬리　　　　　　　　② 카운터테너
③ 카스트라토　　　　　　　④ 테너 리릭코

45 다음 중 용어에 대한 설명이 바르지 않은 것은?

① 스폿뉴스(spot news) - 의견이나 논평을 가감하지 않고 사실만을 언급하는 뉴스
② 프라임타임(prime time) - 시청률이 가장 높은 시간대로, 대개 오후 7~9시 사이
③ 무크(mook) - 잡지와 단행본의 성격을 가진 부정기적인 간행물
④ 미디어렙(media rep) - 방송광고 판매 대행회사로 우리나라에는 KOBACO가 있다.

46 한국의 표준시는 세계의 표준시보다 어떠한가?

① 8시간 빠르다.
② 8시간 느리다.
③ 9시간 빠르다.
④ 9시간 느리다.

47 형식에 구애받지 않고 악상이 떠오르는 대로 작곡된 악곡을 가리키는 것은?

① 아리아　　　　　　　　　② 칸타타
③ 판타지아　　　　　　　　④ 세레나데

48 다음 중 골프에서 사용하는 용어가 아닌 것은?

① 발리
② 더블 보기
③ 이븐파
④ 홀인원

49 미국의 레코드 산업 관계자들이 매년 가장 우수하다고 인정한 레코드, 작곡·작사가, 가수, 연주자 등을 선출하여 시상하는 상은?

① 그래미상
② 토니상
③ 골든글러브상
④ 황금사자상

50 우리나라 최초의 순 한글신문은?

① 제국신문
② 한성순보
③ 황성신문
④ 독립신문

51 '공익을 위하여'라는 라틴어 줄임말로 미국에서 소외 계층을 위해 무료 변론을 하는 변호사를 일컫는 말로 쓰이면서 대중화된 개념은?

① 애드호크(ad hoc)
② 페르소나 논 그라타(persona non grata)
③ 프로보노(probono)
④ 마니페스투스(Manifestus)

52 다음 법령이 제정되어 실행된 시기를 연표에서 고르면?

> 일본 정부와 통모하여 한국 병합에 적극 협력한 자, 한국의 주권을 침해하는 조약이나 문서에 조인한 자와 모의한 자는 사형 또는 무기 징역에 처하고 그 재산과 유산의 전부 혹은 2분의 1 이상을 몰수한다.

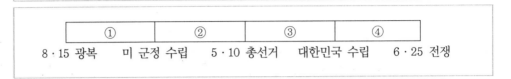

| ① | ② | ③ | ④ |

8 · 15 광복　　 미 군정 수립　　 5 · 10 총선거　　 대한민국 수립　　 6 · 25 전쟁

53 다음 중 현재와 비교하여 6개월 후의 경기, 생활형편, 소비지출 등에 대한 소비자들의 기대를 나타내는 지표를 의미하는 것은?

① 소비자물가지수　　　　　　　　② 경기종합지수
③ 소비자신뢰지수　　　　　　　　④ 소비자기대지수

54 다음은 신문왕의 정책들이다. 이러한 정책을 시행한 목적은?

- 국학의 설립
- 문무 관료에게 토지지급
- 녹읍폐지
- 달구벌 천도 시도
- 9주 5소경 설치

① 지방문화의 발달 토대　　　　　② 귀족체제의 강화
③ 중앙집권적 전제왕권강화　　　　④ 국가재정의 확보

55 경기 침체 시 물가가 급속히 하락하고 화폐량의 실질가치가 증가하여 민간의 부(wealth)가 증가하고 소비 및 총 수요가 증대되는 효과를 무엇이라 하는가?

① 전시 효과(demonstration effect)

② 톱니 효과(ratchet effect)

③ 피구 효과(Pigou effect)

④ 속물 효과(snob effect)

56 다음에서 설명하는 화폐의 이름은?

> 이 화폐는 조선 인조 11년에 김신국, 김육 등의 건의에 따라 관청을 설치하고 주조하여 유통하였다가 결과가 나빠 유통을 중지했다. 그 후 숙종 4년에 다시 서울과 서북 일부에서 유통시킨 후 점차 전국적으로 확대 유통시켜 조선 말기에 현대식 화폐가 나올 때까지 통용되었다.

① 해동통보

② 건원중보

③ 삼한통보

④ 상평통보

57 다음에서 설명하는 단어의 첫 글자를 조합하여 만들 수 있는 단어는?

> • 북두칠성과 함께 우리들에게 가장 잘 알려진 별자리로 북극성을 축으로 북두칠성과 반대편에 있어 하늘의 길잡이 역할을 하는 별자리이다. 특히 가을과 겨울에 잘 보이고, 그리스 신화의 에티오피아 왕 케페우스의 왕비가 의자에 앉아있는 모습으로 W자를 그리고 있다.
> • 치사율이 높은 급성 열성감염을 일으키는 바이러스의 총칭으로 이 바이러스가 발견된 주변의 강 이름에서 유래했으며 2014년 서아프리카 전역에 바이러스가 퍼지고 있어 WHO가 비상상태 선언을 고려중이다.
> • 영상을 연극의 일부분으로 수용하여 연극이 가진 한계를 보완하기 위해 야외 장면 등의 무대에서 표현하기 어려운 장면을 찍어 스크린에 삽입하여 다양하고 첨단적인 무대를 만들어가는 연극으로 영화적 연극 또는 연쇄극이라고도 한다.
> • 뛰어난 인재들만 모인 집단에서 오히려 성과가 낮게 나타나는 현상

① cake
② cook
③ like
④ look

※ 지문을 읽고 지문에서 설명하는 이것을 고르시오. 【58~60】

58

> 호메로스의 「일리아드」를 보면 그리스가 트로이를 무너트릴 때 결정적인 역할을 한 이것이 등장한다. 그리스는 트로이를 둘러싸고 10여 년간 공성전을 벌였으나 성을 함락시키지 못하자 커다란 목마를 만들어 수십 명의 군인을 그 안에 매복시켰다. 그리스가 이 목마를 버리고 거짓으로 퇴각하자 트로이 사람들은 이를 승리의 상징으로 여기고 성 안으로 들여놓았다. 그리고 그 날 밤 목마 속의 군인들이 나와 성문을 열었고 숨어있던 그리스 군이 기습하여 트로이를 함락시켰다. 오늘 날 이것은 컴퓨터 악성코드의 대명사가 되었다.

① 예루살렘 바이러스
② 페가수스
③ 천리마
④ 트로이 목마

59

이것은 세계 3대 영화제 중 하나로 1932년 5월에 만들어져 지금까지 이어지는 가장 오랜 역사를 가지고 있는 국제 영화제이다. 이탈리아에서 열리며 최고의 상은 '산 마르코 금사자상'으로 일명 황금사자상이라고도 한다. 우리나라 김기덕 감독의 영화 '피에타'도 2012년에 이 상을 받았다.

① 베니스 영화제
② 칸 영화제
③ 부산 국제 영화제
④ 베를린 영화제

60

이것은 인터넷 이용자의 실명과 주민등록번호가 확인되어야만 인터넷 게시판에 글을 올릴 수 있는 제도로 인터넷 게시판의 익명성을 악용한 다양한 사이버 범죄가 발생하여 개인적, 사회적 피해가 커지자 2002년 이후 공공기관이나 인터넷 포털사이트 등의 게시판에 글을 올릴 때는 본인 확인을 거치도록 하는 이것을 의무화하였다.

① 주민등록법
② 인터넷 실명제
③ 위치정보보호법
④ 집시법

61 다음 상황을 읽고 관련된 용어를 찾으면?

> 다이어트 주스를 개발해 시음테스트를 한다고 광고를 낸 뒤 사람들을 모집했다. 총 일곱 명 중 다섯 명을 모집했고 두 명은 미리 준비한 사람들을 섭외했다. 그리고 이 두 명에게는 적당한 시기에 미리 요구한 반응을 보이도록 했다.
>
> 주스를 먼저 시음해 보이고 시음자들에게 새로 개발한 다이어트 제품인데 출시에 앞서 테스트를 해본다고 했다. 여러 가지 다이어트용 특수 개발 성분을 넣어서 아주 효과가 좋을 것이라는 효능 설명도 잊지 않았다. 차례로 한 컵씩 따라주고 마시게 한 후에 맛에 대한 소감을 물어보았다. 모두 긍정적인 반응을 보였다.
>
> 그때 미리 부탁한 한 명이 갑자기 배가 아프다며 배를 잡고 웅크렸다. 다른 사람들의 표정이 바뀌기 시작했고, 다시 반응을 묻자 시음자들은 조금 전과는 상반된 반응을 보였다. 집으로 돌아간 시음자들 중에 한 명은 온몸에 두드러기 같은 발진이 생기고 밤새 잠을 이루지 못했다고 하소연을 했다.

① 플라시보 효과(placebo effect) ② 노시보 효과(Nocebo Effect)
③ 바넘 효과(Barnum effect) ④ 로젠탈 효과(Rosenthal effects)

62 아주 작은 사건 하나가 그것과는 별반 상관없어 보이는 곳까지 영향을 미친다는 이론은?

① 낭떠러지 효과 ② 로젠탈 효과
③ 베블런 효과 ④ 나비 효과

63 유엔 안전보장이사회 5개 상임이사국인 미국, 중국, 러시아, 프랑스, 영국과 독일이 13년을 끌어온 중동의 이 나라와의 핵협상을 2015년 7월 오스트리아에서 타결했다. 이번 합의로 이 나라는 경제 제재에서 벗어나 석유 수출 등을 통한 경제적 이익을 얻을 것으로 전망된다. 이 나라는 어디인가?

① 터키 ② 이라크
③ 이란 ④ 시리아

64 다음에서 설명하는 이것은 무엇인가?

> 이것은 피통치자가 정치권력에 대하여 무조건적으로 찬양하고 예찬을 하는 상황을 가리키는 말로 셰익스피어의 소설인 「템페스트」에 나오는 여주인공 이름에서 유래되었다.

① 줄리엣　　　　　　　　　　② 오필리아
③ 바이올렛　　　　　　　　　　④ 미란다

65 다음 중 CD(양도성예금증서)의 특징으로 옳지 않은 것은?

① 단기 고수익 금융상품이다.　　② 금액에 대한 안전성이 낮다.
③ 중도 해지가 불가능하다.　　　④ 무기명(無記名)이다.

66 다음 중 세계문화유산이 아닌 것은?

① 안동하회마을　　　　　　　　② 경복궁
③ 경주양동마을　　　　　　　　④ 조선왕릉

67 다음 중 프랑스의 사회학자 에밀 뒤르켐(E.Durkheim)이 그의 저서 「자살론」에서 사회 구성원의 행위를 구제하는 공통된 가치나 도덕적 규범이 상실된 혼돈상태를 나타내는 개념으로 규정한 것은 무엇인가?

① 상대적 박탈감　　　　　　　　② 님비현상
③ 아노미현상　　　　　　　　　④ 핌피현상

68 대체소득이라고도 하며 정부기관에 의한 연금·유족원호금·육영자금과 개인이 회사(의료보험연합회)에서 받는 치료비 등의 사회보장 급부나 기업의 개인에 대한 증여·기부 등과 같이 무상으로 행하여지는 지급을 말한다. 이것은 무엇인가?

① 가계소득　　　　　　　　　　② 개인소득

③ 이전소득　　　　　　　　　　④ 가정소득

69 다음 중 북한 관련 감시체제는 무엇인가?

① 진돗개　　　　　　　　　　② 워치콘

③ 데프콘　　　　　　　　　　④ 칵트 피스톨

70 환율이 상승(평가절하)했을 때의 내용으로 타당하지 않는 것은?

① 물가의 상승

② 수입업체의 이윤 증가

③ 외채상환 비용부담 증가

④ 유학간 자녀의 해외송금비용 증가

71 다음 중 100ppm 운동이 의미하는 것은?

① 제품 10만개 중 불량품의 수를 10개 이하로 줄이고자 하는 품질향상운동이다.

② 제품 10만개 중 불량품의 수를 100개 이하로 줄이고자 하는 품질향상운동이다.

③ 제품 100만개 중에 불량품의 수를 50개 이하로 줄이고자 하는 품질향상운동이다.

④ 제품 100만개 중에 불량품의 수를 100개 이하로 줄이고자 하는 품질향상운동이다.

72 다음 주장과 관련이 있는 것은?

> 대체로 보아서 다른 나라는 정말로 사치 때문에 망하였으나 우리나라는 검소함으로써 쇠약해졌습니다. 왜냐하면 무늬 있는 비단옷을 입지 않으니 나라 안에 비단 짜는 기계가 없고 그렇게 되니 여공이 없어졌습니다. 그리고 음악을 숭상하지 않으니 오음과 육률이 화합하지 못합니다.

① 외세를 척결하고 자주적인 국가의 건설을 주장하였다.
② 대의명분을 강조하였으며, 실리외교를 경시하였다.
③ 지주제를 폐지하고 자영농을 육성하고자 하였다.
④ 청과의 통상을 주장하고 소비를 권장하였다.

73 인수대상 기업의 이사가 임기 전에 물러나게 될 경우 일반적인 퇴직금 외에 거액의 특별 퇴직금이나 보너스, 스톡옵션 등을 주도록 하는 제도를 뜻하는 용어는 무엇인가?

① 황금낙하산
② 주석낙하산
③ 테뉴어보팅
④ 포이즌 필

74 최신경영혁신기법에 관한 설명 중 옳지 않은 것은?

① 벤치마킹은 보다 우수한 사람이나 시스템의 실행방법을 모방 · 개선하여 자신의 발전을 도모하는 프로세스이다.
② 팀제도는 중간관리자의 역할을 강조하는 만큼 중간관리층의 역할강화와 그 인원확대가 뒤따른다.
③ 학습조직은 환경변화에 대처하는 능력배양을 위해 조직구성원의 학습활동을 촉진시켜 조직변화를 도모한다.
④ 리엔지니어링은 기존 업무추진 프로세스를 검토하여 조직을 근본적으로 재설계하는 것이다.

75 위안화 절상의 영향에 대해 잘못 설명한 것은?

① 중국에 점포를 많이 갖고 있는 대형 마트업계는 지분법 평가 이익이 늘어날 것이다.

② 중국에 완제품이 아닌 소재나 부품, 재료 등을 공급하는 업종들은 효과가 반감될 것이다.

③ 철강 조선업계는 최근 철광석을 비롯한 원료가격의 상승에도 불구하고 중국 철강재는 오히려 하락하면서 국제 철강시장을 교란시켰는데, 위안화가 절상되면 달러화 환산가격이 감소하여 국제 철강가격이 올라갈 것이다.

④ 중국이 수출할 때 가격경쟁력이 떨어지면서 중간재에 대한 수입이 줄게 되면 악재로 작용할 수도 있다.

76 한 달 수입이 400만원인 가계에서 160만원을 저축하고, 90만원을 교육비, 120만원을 식비로 지출하였다면 이 가계의 엥겔계수는?

① 40%   ② 50%

③ 60%   ④ 70%

77 고위험, 고수익의 채권전용펀드로 신용등급이 투자부적격한 BB+ 이하 채권을 편입해 운용하기 때문에 발행자의 채무불이행위험이 높은 펀드는?

① Mutual Fund   ② Hedge Fund

③ Spot Fund   ④ Grey Fund

78 경제주체들이 돈을 움켜쥐고 시장에 내놓지 않는 상황을 가리키는 용어는 무엇인가?

① 디플레이션   ② 피구효과

③ 톱니효과   ④ 유동성 함정

79 사람의 소화효소로는 소화되지 않는 것으로, 제6의 영양소로 불리는 것은?

① 무기염류   ② 바이타민

③ 식이섬유   ④ 올리고당

80 다음 설명 중 옳지 않은 것은?

① 장미전쟁은 영국 제후들 간의 전쟁이다.

② 중국의 3대 발명품은 종이, 화약, 인쇄술이다.

③ 십자군운동의 결과로 촉진된 정치형태는 중앙집권제이다.

④ 양무운동은 외국세력을 배척하려는 운동이다.

81 새로운 회계연도가 개시될 때까지 예산이 성립되지 못할 경우 정부가 임시로 전년도 예산에 준하여 집행하는 예산은 무엇인가?

① 준예산   ② 추가경정예산

③ 예비비   ④ 본예산

82 다음 설명 중 옳은 것은?

> (가) 토지 소유자는 조선 총독이 정하는 기간 내에 주소, 씨명, 명칭 및 소유지의 소재, 지목, 자번호(字番號), 사표(四標), 등급, 지적 결수(結數)를 임시 토지조사 국장에게 신고해야한다.
>
> (나) 회사의 설립은 조선총독의 허가를 받아야한다.

① (가)는 화폐정리사업의 기반이 되었다.

② (가)를 시행하면서 자작농이 증가하였다.

③ (나)는 조선의 민족기업들의 자본축적을 막기 위해 시행되었다

④ (나)는 일본의 경제대공황 타개책의 일환이었다.

83 다음은 제2차 세계대전에 있었던 주요 사건들이다. 시간 순으로 올바르게 나열한 것은?

⊙ 노르망디 상륙작전
ⓒ 독일의 폴란드 침공
ⓒ 영국과 프랑스의 대독 선전포고
② 진주만 공습
⑩ 독일의 파리 점령
⑪ 일본의 항복

① ⊙ⓒ②⑩ⓒ⑪
② ⓒ②⊙ⓒ⑩⑪
③ ⓒⓒ⑩②⊙⑪
④ ⓒⓒ②⑩⊙⑪

84 영화의 한 프레임 내에서 배우와 세트 디자인의 고정된 배열을 묘사하는 프랑스어는?

① 오마주
② 도퀴망테르
③ 비앙드
④ 미장센

85 미국 하버드대 아동심리학 교수 댄 킨들러 교수에 의해 그의 저서에서 '학업과 운동, 인간관계와 리더십에서 탁월한 능력을 보이며 남성을 능가해 질주하는 여성'이라고 설명된 이 용어는 무엇인가?

① 알파걸
② 하나코상
③ 골드미스
④ 베타걸

86 다음 중 인상파 아버지로 불리는 사람의 작품이 아닌 것은?

① 사과를 줍는 여인들
② 몽마르트의 거리
③ 붉은 지붕
④ 해돋이

87 우리나라 최초로 설립된 국립교육 기관은?

① 태학　　　　　　　　　② 국학
③ 국자감　　　　　　　　④ 성균관

88 다음의 현상을 설명할 수 있는 것은?

> 시속 50km로 달리고 있는 기차를 택시가 뒤에서 시속 70km로 따라잡으려할 때 택시 승객에게는 기차의 기적소리가 본래 음보다 높은 음으로 들린다.(바람이 불지 않을 경우)

① 베르누이의 법칙
② 운동의 제3법칙
③ 허블의 법칙
④ 도플러 효과

89 다음 금속에 대한 설명으로 옳지 않은 것은?

> ㉠ 금속을 꺼내어 칼로 잘랐더니 단면의 광택이 사라졌다.
> ㉡ 금속 조각을 물에 넣으니 격렬히 반응하여 기체가 발생했다.

① 주기율표의 가장 왼쪽에 자리한 원소이다.
② 물과 반응하여 발생된 기체는 수소이다.
③ 공기 중의 산소와 반응하여 산화물이 된다.
④ 원자번호가 작을수록 쉽게 전자를 잃는다.

90 다음 설명 중 옳지 않은 것은?

① 원자 속에 있는 전자의 수를 그 원소의 원자번호라 한다.
② 질량수란 원자핵을 구성하고 있는 양성자의 수와 전자의 수의 합이다.
③ 원자핵 속에 있는 양성자의 수를 그 원소의 원자번호라 한다.
④ 원자핵은 양성자와 중성자로 구성되어있다.

91 중국은 대만을 자국 영토의 일부로 간주하지만 대만은 독립국가임을 선언하고 있다. 다음 중 대만이 중국에서 분리된 계기는?

① 아편전쟁   ② 러일전쟁
③ 청일전쟁   ④ 청프전쟁

92 영국 민주주의의 발달에 있어서 사건의 시대적 순서가 바르게 나열된 것은?

① 마그나카르타 – 청교도혁명 – 권리장전 – 차티스트운동

② 권리장전 – 청교도혁명 – 마그나카르타 – 차티스트운동

③ 마그나카르타 – 청교도혁명 – 차티스트운동 – 권리장전

④ 청교도혁명 – 마그나카르타 – 권리장전 – 차티스트운동

93 다음을 통해 내릴 수 있는 결론으로 적절하지 않은 것은?

> 안연이 인(仁)에 대해 묻자 공자는 "자신을 이기고 예(禮)로 돌아가는 것이 인이다. 하루하루 자신을 이기고 예로 돌아가면 천하가 인으로 돌아갈 것이다. 인을 이룩하는 것은 자기로 말미암은 것이지 다른 사람으로 말미암은 것일까?"라고 대답하였다.우)

① 예(禮)는 인(仁)과 더불어 인간의 생득적인 본성이다.

② 성실하게 자신의 생활을 하는 중에 인(仁)의 도(道)가 나타나게 된다.

③ 인(仁)이란 욕망을 스스로 극복하려고 하는 노력을 통해 얻어진다.

④ 인(仁)을 실현시키기 위해서는 적극적인 노력이 요구된다.

94 다음 중 사서(四書)에 속하지 않는 것은?

① 논어(論語) ② 시경(詩經)
③ 대학(大學) ④ 맹자(孟子)

95 다음 책의 시대배경을 연대순으로 나열했을 때 옳은 것은?

> ㉠ 칼의 노래   ㉡ 토지
> ㉢ 태백산맥   ㉣ 난쟁이가 쏘아 올린 공

① ㉠㉡㉢㉣   ② ㉢㉣㉠㉡
③ ㉡㉣㉠㉢   ④ ㉣㉢㉡㉠

96 다음에 제시된 내용과 사상적으로 통하는 것은?

> 비록 신(神)이 존재하더라도 사람은 자신의 의지를 신의 의지에 예속시킬 필요는 없다. 자신에게 적절한 것을 가장 잘 판단할 수 있는 존재는 바로 자기 자신인 것이다. 즉, 자신에게 좋은 것이란 다름 아닌 자신이 원하는 것이요, 자신에게 이익을 가져다주는 것을 의미한다. 그 누구도 자신에게 좋은 것을 정치적 · 신화적 또는 사회적 억압 때문에 희생시켜야 할 의무는 없다.

① 너 자신을 알라.
② 인간의 만물의 척도이다.
③ 철학은 신학의 시녀이다.
④ 최대 다수의 최대 행복

97 칼뱅이즘(calvinism)의 기본적인 논리가 아닌 것은?

① 부의 축척은 신의 은총이다.
② 근면 · 검소 · 기업정신 · 성실성을 중요한 덕목으로 여긴다.
③ 소비가 미덕이다.
④ 종교적 입장에서 자본주의정신을 확립하고자 한다.

98 17세기 근대국가와 근대과학이 생성될 시기에 '인간은 스스로 사회를 형성하고, 자신의 운명을 개척할 수 있다'는 자각과 더불어 나타났던 예술양식으로서 건축물로는 베르사유 궁전, 음악가로는 바흐와 헨델을 가리키는 조류는 무엇인가?

① 바로크　　　　　　　　　　② 로코코
③ 고딕　　　　　　　　　　　④ 질풍노도운동

99 마르크스주의자는 마르크스의 사회주의를 과학적 사회주의라 한다. 이에 대하여 이전의 사회주의를 무엇이라 부르는가?

① 유심적 사회주의　　　　　② 인도적 사회주의
③ 유도적 사회주의　　　　　④ 공상적 사회주의

100 다음에서 설명하는 불교윤리사상은?

이것이 생(生)하면 저것이 생하고, 이것이 멸(滅)하면 저것이 멸한다.

① 정명정신(正名精神)　　　② 측은지심(惻隱之心)
③ 연기설(緣起說)　　　　　④ 경천애인(敬天愛人)

정답 및 해설

제1회 정답 및 해설
제2회 정답 및 해설
제3회 정답 및 해설

정답 및 해설

1	2	3	4	5	6	7	8	9	10	11	12	13	14	15	16	17	18	19	20
③	②	④	③	③	③	③	④	③	①	②	④	②	①	②	②	④	③	④	①
21	22	23	24	25	26	27	28	29	30	31	32	33	34	35	36	37	38	39	40
④	③	③	①	②	③	③	④	①	①	④	②	③	②	④	④	③	①	④	③
41	42	43	44	45	46	47	48	49	50	51	52	53	54	55	56	57	58	59	60
①	②	④	③	②	①	④	④	①	①	④	②	④	④	④	②	②	①	④	④
61	62	63	64	65	66	67	68	69	70	71	72	73	74	75	76	77	78	79	80
②	③	③	④	③	④	③	①	④	③	②	②	②	②	①	①	④	④	③	③
81	82	83	84	85	86	87	88	89	90	91	92	93	94	95	96	97	98	99	100
④	④	①	④	③	①	④	②	④	②	④	②	②	③	②	③	④	①	①	④

1 하드보일드문학은 비정형 · 냉혹형으로 불리는 문학형식으로 1차 세계대전 후 사실주의 문학경향을 말하며, 전쟁에 대한 회의 · 불신 · 파멸을 무자비하게 묘사하고 있다. 대표적 작가로는 헤밍웨이, 더드 페서스, 대쉬얼 헤밋 등이 있다.

2 산문문학의 발전은 임진왜란 이후에서 갑오개혁 이전까지 서민문학의 발달로 이루어졌다.

3 「비곗덩어리」는 모파상의 중편소설작품으로, 프로이센군에 점령된 루앙으로부터 디에프로 가는 역마차 안에서 생긴 일을 그린 작품이다. 뚱뚱해서 비곗덩어리라는 별명이 붙은 창녀가 합승객의 희생이 되어 프로이센 장교에게 몸을 맡기는데, 일이 끝나자 합승객은 절박한 고비에서 구조를 받은 은혜도 잊고서 그녀를 경멸하고 멀리한다는 이야기이다. 모파상의 작품은 이외에도 「여자의 일생」, 「목걸이」등이 유명하다.

4 ③ 향가는 삼국유사에 14수, 균여전에 11수 등 도합 25수가 전해지고 있다.

5 ① 용비어천가 ② 상춘곡 ④ 황성신문

6 ③ 의존명사 : 명사의 성격을 띠면서도 그 의미가 형식적이어서 관형어 아래에서만 쓰이는 명사를 말한다.

7 ③ '업신여기다'라는 뜻의 말이다.

8 ① 앰뷸런스 ② 콩트 ③ 심포지엄

9 ③ 붉그락푸르락→붉으락푸르락 : 성이 나거나 흥분하여 안색이 붉었다 푸르렀다 하는 모양

10 ① 유세 – 열락 ② 지식 – 식자 ③ 편리 – 인편 ④ 복구 – 반복

11 ㉠ 喜壽(희수) : 77세
　　㉡ 白壽(백수) : 99세
　　㉢ 米壽(미수) : 88세

12 ① 傾國之色(경국지색) : 나라를 기울일 만한 여자
　　② 首丘初心(수구초심) : 여우는 죽을 때 구릉을 향해 머리를 두고 초심으로 돌아간다는 뜻
　　③ 匹夫匹婦(필부필부) : 평범한 남자와 평범한 여자
　　④ 天井不知(천정부지) : 천정을 모른다는 뜻으로 물건 값 따위가 자꾸 오르기만 함을 일컬음

13 ② 아포리즘(aphorism) : 그리스어에서 유래된 말로 깊은 체험적 진리를 간결하고 압축된 형식으로 나타낸 짧은 글을 말한다. 금언 · 격언 · 잠언 · 경구 등이 이에 속한다.

14　① **親展**(친전) : 편지를 받는 사람이 직접 펴 보아 주기를 바란다는 뜻이다.
　　② **轉交**(전교) : 다른 사람을 거쳐서 받게 하는 경우에 쓴다.
　　③ **貴中**(귀중) : 단체나 기관에 보낼 때 쓴다.
　　④ **机下**(궤하) : 윗사람에게 보낼 때 쓰는 표현으로 貴下, 座下 등과 같은 의미이다.

15　① 삶의 고단함과 그것을 극복해보고자 하는 노래이다.
　　③ 비둘기와 뻐꾹새를 빌어 잘못된 정치를 풍자한 노래이다.
　　④ 10구체 향가형식으로 지은 충신연주지사이다.

16　① **百事如意**(백사여의) : 모든 일이 마음먹은 대로 이루어짐.
　　② **桑田碧海**(상전벽해) : 뽕나무밭이 푸른 바다가 된다는 말로 세상이 몰라볼 정도로 변함을 비유한다.
　　③ **緣木求魚**(연목구어) : 나무에 올라 고기를 얻으려고 한다는 말로, 목적과 수단이 맞지 않아 불가
　　　능한 일을 굳이 하려 함을 비유한다.
　　④ **苦盡甘來**(고진감래) : 고생 끝에 낙이 온다.

17　상쇄 – 표지 – 의사 – 괄목

18　貫鄕(꿸 관, 시골 향)은 시조가 난 땅, 본(本)을 말한다.

19　송강 정철은 조선 중기 문신 겸 시인으로 당대 가사문학의 대가이다. 시조의 윤선도와 함께 한국
　　시가사상 쌍벽으로 일컬어지며 대표작으로는 「관동별곡」, 「성산별곡」, 「사미인곡」, 「속미인곡」, 「
　　훈민가」 등이 있다.
　　④ 「청산별곡」은 고려가요의 하나로 악장가사에 실려 전하며 작자 · 연대는 미상이다.

20　신재효는 조선 후기의 판소리 이론가이자 작가로 종래 계통 없이 불러 오던 광대소리를 통일하여
　　6마당으로 체계를 이루고 독특한 판소리 사설문학을 이룩하였다. 그중 현전하는 판소리 다섯마당
　　은 「적벽가」, 「수궁가」, 「심청가」, 「춘향가」, 「흥부가」이다.

21 ④ 헌법은 그 준수를 확보하거나 강제할 수 있는 별도의 기관이나 수단을 갖추고 있지 않다.

22 ③ 현대복지국가 헌법에서는 기존의 권력분립에서 벗어나 기능적 권력분립을 성립하고 민주적인 정당제도를 수용하며 국가기능의 효율성을 위해 행정국가화 경향을 보이고 있다.

※ 근대입헌주의 헌법과 현대복지국가 헌법의 비교

구분	근대입헌주의 헌법	현대복지국가 헌법
기본 헌법 원리	• 국민주권주의 • 법치주의 • 성문화법주의 • 제국주의, 침략주의	• 실질적 국민주권 원리 • 실질적 법치주의 • 성문화법주의 • 국제평화주의
기본권	• 재산권과 경제적 자유의 절대적 보장 • 형식적 평등 • 형식적 기본권	• 재산권의 상대화 • 실질적 평등 개념 • 사회적 기본권의 보장
통치 구조	• 권력분립 • 제한선거, 대의제 • 명목상의 헌법규범 • 근대국가	• 기능적 권력분립 • 보통선거, 정당제도 • 헌법제판제도에 의한 헌법수호제도 마련 • 행정국가화, 계획국가화

23 ① 국적법 제7조 제1항 제2호

② 동법 제9조 제1항

④ 동법 제10조 제1항

※ 간이귀화 요건〈국적법 제6조〉

㉠ 다음에 해당하는 외국인으로서 대한민국에 3년 이상 계속하여 주소가 있는 자는 5년 이상 계속하여 대한민국에 주소가 있지 아니하여도 귀화허가를 받을 수 있다.

• 부 또는 모가 대한민국의 국민이었던 자

• 대한민국에서 출생한 자로서 부 또는 모가 대한민국에서 출생한 자

• 대한민국 국민의 양자로서 입양 당시 대한민국의 민법에 의하여 성년이었던 자

㉡ 배우자가 대한민국의 국민인 외국인으로서 다음에 해당하는 자는 5년 이상 계속하여 대한민국에 주소가 있지 아니하여도 귀화허가를 받을 수 있다.

• 그 배우자와 혼인한 상태로 대한민국에 2년 이상 계속하여 주소가 있는 자

• 그 배우자와 혼인한 후 3년이 경과하고 혼인한 상태로 대한민국에 1년 이상 계속하여 주소가 있는 자

• 위의 기간을 충족하지 못하였으나, 그 배우자와 혼인한 상태로 대한민국에 주소를 두고 있던 중 그 배우자의 사망이나 실종 그 밖에 자신의 귀책사유 없이 정상적인 혼인생활을 할 수 없었던 자 또는 그 배우자와의 혼인에 의하여 출생한 미성년자를 양육하고 있거나 양육하여야 할 자로서 위의 잔여기간을 충족하고 법무부장관이 상당하다고 인정하는 자

24 ① 진정 소급입법이라도 국민이 소급입법을 예상할 수 있었거나 법적 상태가 불확실하고 혼란스러웠거나 하여 보호할 만한 신뢰의 이익이 적은 경우에는 예외적으로 허용될 수 있다(헌재 1998.9.30, 97헌바38).

25 ① 제123조 제2항
③ 제121조 제2항
④ 제119조 제2항
② 국가는 국민 모두의 생산 및 생활의 기반이 되는 국토의 효율적이고 균형 있는 이용·개발과 보전을 위하여 법률이 정하는 바에 의하여 그에 관한 필요한 제한과 의무를 과할 수 있다〈제122조〉.

26 ③ 일반적으로 말하여 공무원이란 직접 또는 간접적으로 국민에 의하여 선출 또는 임용되어 국가나 공공단체와 공법상의 근무관계를 맺고 공공적 업무를 담당하고 있는 사람들을 가리킨다고 할 수 있고, 공무원도 각종 노무의 대가로 얻는 수입에 의존하여 생활하는 사람이라는 점에서는 통상적인 의미의 근로자적인 성격을 지니고 있으므로 헌법 제33조 제2항 역시 공무원의 근로자적 성격을 인정하는 것을 전제로 규정하고 있다(헌재 1992.4.28, 90헌바27).

27 ③ 자유권에 대한 법률유보는 권리제한적이고, 생존권에 대한 법률유보는 권리형성적이다.

28 ① 일반적 법률유보에 해당하는 조항은 있으나〈제37조 제2항〉, 일반적 헌법유보에 해당하는 조항은 없다.
③ 미결수용자에게 재소자용 의류를 입게 하는 것은 미결수용자로 하여금 모욕감이나 수치심을 느끼게 하고, 심리적인 위축으로 방어권을 제대로 행사할 수 없게 하여 실체적 진실의 발견을 저해할 우려가 있으므로, 도주 방지 등 어떠한 이유를 내세우더라도 그 제한은 정당화될 수 없어 헌법 제37조 제2항의 기본권 제한에서의 비례원칙에 위반되는 것으로서, 무죄추정의 원칙에 반하고 인간으로서의 존엄과 가치에서 유래하는 인격권과 행복추구권, 공정한 재판을 받을 권리를 침해하는 것이다(헌재 1999.5.27, 97헌마137·98헌마5).
④ 어느 하나라도 충족시키지 못하면 위헌이다.

29 ① 헌법재판소는 인간의 존엄과 가치에서 일반적 인격권을 도출하고(헌재 1990.9.10, 89헌마32), 행복추구권에서 일반적인 행동자유권과 개성의 자유로운 발현권을 도출한다(헌재 2003.10.30, 2002헌마512).
② 헌재 2000.12.14, 99헌마14
③ 헌재 1996.2.29, 94헌마21
④ 헌재 1999.11.25, 95헌마154

30 ① 독일 기본법은 명문규정을 두고 있다.

31 ④ 국민의 알 권리, 특히 국가정보에의 접근의 권리는 우리 헌법상 기본적으로 표현의 자유와 관련하여 인정되는 것으로 그 권리의 내용에는 일반 국민 누구나 국가에 대하여 보유·관리하고 있는 정보의 공개를 청구할 수 있는 이른바 일반적인 정보공개청구권이 포함된다(대판 1999.09.21, 97누5114).
① 헌재 1998.4.30, 95헌가16
②③ 헌재 1991.5.13, 90헌마133

32 ② 모든 국민은 소급입법에 의하여 참정권의 제한을 받거나 재산권을 박탈당하지 아니한다〈제13조 제2항〉.

33 ② 공직선거법 제15조
④ 헌재 1999.12.23, 98헌마363
③ 국내거주자에게만 부재자신고를 허용하는 것은 국외거주자의 선거권·평등권을 침해하고 보통선거원칙을 위반한다(헌재 2007.6.28, 2004헌마644).

34 ① 제31조 제1항
③ 제31조 제5항
④ 제31조 제4항
② 모든 국민은 그 보호하는 자녀에게 적어도 초등교육과 법률이 정하는 교육을 받게 할 의무를 진다〈제31조 제2항〉.

35 ④ 법규명령은 그 내용을 기준으로 하여 위임명령과 집행명령으로 분류되고, 발령기관을 기준으로 하여 대통령령, 총리령, 부령 등으로 분류할 수 있다.

③ 행정규칙이 법령의 규정에 의하여 행정관청에 법령의 구체적 내용을 보충할 권한을 부여한 경우, 또는 재량권 행사의 준칙인 규칙이 그 정한 바에 따라 되풀이 시행되어 행정관행이 이룩되게 되면, 평등의 원칙이나 신뢰보호의 원칙에 따라 행정기관은 그 상대방에 대한 관계에서 그 규칙에 따라야 할 자기구속을 당하게 되고, 그러한 경우에는 대외적인 구속력을 가지게 된다고 할 것이다(헌재 1990.9.3, 90헌마13).

36 의원내각제의 경우는 정부의 성립이 의회에 의존하는 경향이 있는 반면, 대통령제의 경우는 서로 독립적인 관계에 있다.

37 국회에서 법률로 제정할 사항이라 함은 소위 법규사항으로 국민의 권리와 의무에 관한 것을 말한다.

38 ① 대통령후보자가 1인일 때에는 그 득표수가 선거권자 총수의 3분의 1이상이 아니면 대통령으로 당선될 수 없다〈헌법 제67조 제3항〉.
② 헌법 제67조 제2항
③ 헌법 제71조
④ 헌법 제68조 제2항

39 ④ 대법관 회의의 동의를 얻어 대법원장이 임명한다〈제104조 제3항〉.

40 ② 헌법재판소법 제47조 제1항
④ 헌법재판소법 제47조 제2항
③ 탄핵심판·정당해산 심판·권한쟁의 심판은 구두변론에 의하나, 위헌법률 심판·헌법소원 심판은 서면주의를 원칙으로 한다〈헌법재판소법 제30조 제1항, 제2항〉.

41 ① 우리나라의 겨울철 기후에 영향을 주는 것은 시베리아기단이며, 바이칼호는 시베리아 동남부에 위치하고 있다.

42 러브게임(love game)은 테니스에서 어느 한 쪽이 1점도 얻지 못한 게임을 말한다. 즉, 4포인트를 연속으로 내준 게임을 일컫는 말이다.

43 **사물놀이** ··· 꽹과리, 장구, 북, 징을 치며 노는 농촌의 민속놀이로 꽹과리는 별, 장구는 인간, 북은 달, 징은 해에 해당한다.

44 대중문화는 전통문화나 고급문화, 엘리트문화와는 상대적 개념으로 다수 대중이 수용하는 문화 현상을 통칭하는 개념이다. 중세·근세의 계급적인 문화와는 달리 대중매체에 의하여 생활양식이 표준화, 획일화, 평균화해 가는 특성을 보인다.

45 컬러 TV의 삼원색은 빨강, 초록, 파랑이다.

46 일교차(日較差)는 하루 중의 최고와 최저기온의 차를 말한다. 일교차가 가장 큰 곳은 사막지방이며 해안보다는 내륙이, 흐린 날보다는 맑은 날 일교차가 더 크다.

47 ① 해트트릭은 축구에서 한 선수가 한 게임에서 3골을 넣는 것을 말한다.
② 그랜드슬램이 테니스 용어로 사용될 때는 1년 동안 이 4개의 메이저 대회에서 모두 우승을 차지하는 것을 의미한다.
③ 핫코너는 야구에서 강하고 불규칙한 타구가 많이 날아오는 3루를 말한다.
④ IOC(International Olympic Committee)는 국제올림픽위원회이다.

48 ① 크로키(croquis) : 움직이고 있는 대상의 한 순간을 짧은 시간에 재빨리 그리는 것
② 콜라주(collage) : 종이조각, 헝겊, 실, 성냥개비, 나뭇잎, 철사 등을 화면에 붙여 특수한 효과를 노리는 기법
③ 테라코타(terra cotta) : 점토를 구워서 만든 도기
④ 캐리커처(caricature) : 사람 또는 사물을 과장하되 풍자적이고 희극적으로 표현한 만화, 풍자화, 회화 등을 말한다. 프란시스코 고야, 오노레 도미에 등이 유명하다.

49 무형문화재는 공예기술, 연극, 음악 등과 같이 일정한 형태는 없으나 역사적·예술적으로 가치가 있어 그 기술을 보존·계승시키기 위하여 구가에서 문화재로 지정한 것이다. 우리나라 중요무형문화재 제1호는 종묘제례악(宗廟祭禮樂)이다.
② 중요무형문화재 제2호
④ 중요무형문화재 제3호

50 일기예보 배경화면은 원칙적으로는 기상도가 아닌 스튜디오로 파란색으로 칠해져 있다.

51 ① 2011년 북한 정치범수용소에 감금되어 있는 신숙자 모녀를 구출하기 위한 청원운동
③ 세월호 참사이후 실종자들이 무사히 돌아오길 기원하기 위한 운동

52 ① 아쟁 : 고려 때 들어온 당악기로 7줄로 되어 있고 해금과 함께 줄을 문질러 연주함
③ 가야금 : 「삼국사기」에 의하면 가야국의 가실왕이 만들었다고 전하며 12줄로 된 현악기로 가야국의 악사 우륵이 나라가 망하자 신라로 망명하면서 가지고 왔다고 함
④ 해금 : 2줄로 된 현악기로 고려 시대 때 우리나라에 들어온 후 궁중음악과 민속음악에 두루 쓰임

53 ⓔ카노사의 굴욕(1077) → ⓐ십자군전쟁(1096~1272) → ⓑ아비뇽 유수(1309~1377) → ⓒ루터의 95개조 반박문(1517)

54 제시된 내용은 1898년부터 전개된 대한 제국의 광무개혁 내용이다. 임오군란은 1882년, 갑신정변은 1884년, 동학 농민 운동은 1894년, 독립 협회의 창립은 1896년, 러·일 전쟁의 발발은 1904년, 한·일 합병은 1910년이다.

55 을미사변과 을미개혁
ⓐ 을미사변(1895) : 조선정부가 친러로 기울자 일본은 친일파와 공모하여 대궐에 침입, 이경직·홍계훈을 살해, 명성황후마저 시해하였다.
ⓑ 친일파 제4차 김홍집 내각(김홍집·서광범·어윤중·유길준)을 조직하고 개혁을 재개하였다.
ⓒ 을미개혁의 내용
• 훈련대를 폐지하고 중앙에 친위대, 지방에 진위대를 설치했다.

- 단발령을 공포하고, 전국에 광제원을 세웠으며 종두법을 사용했다.
- 일세일원의 연호로 1896년부터 '건양'을 사용했다.
- 1896년 1월 1일부터 태양력을 사용했다.
- 개성, 수원, 충주, 안동, 대구, 동래 등지에 우체사를 설치했다.
- 소학교령을 제정 · 공포하여 서울 시내에 관립소학교들을 설치했다.

56 백제역사유적지구 ··· 2015년 유네스코 한국의 세계유산으로 등재된 백제역사유적지구는 공주시, 부여군, 익산시 3개 지역에 분포된 8개 고고학 유적지로 이루어져 있다. 공주 웅진성과 연관된 공산성과 송산리 고분군, 부여 사비성과 관련된 관북리 유적(관북리 왕궁지) 및 부소산성, 정림사지, 능산리 고분군, 부여 나성, 그리고 끝으로 사비시대 백제의 두 번째 수도였던 익산시 지역의 왕궁리 유적, 미륵사지 등으로, 이들 유적은 475년~660년 사이의 백제 왕국의 역사를 보여주고 있다. 백제역사유적은 중국의 도시계획 원칙, 건축 기술, 예술, 종교를 수용하여 백제화(百濟化)한 증거를 보여주며, 이러한 발전을 통해 이룩한 세련된 백제의 문화를 일본 및 동아시아로 전파한 사실을 증언하고 있다.

57 ① 고객이 제품 또는 서비스를 구매하도록 만드는 과정 외에 그 이후까지 관심을 기울이고 재구매를 유도하는 고객중심 마케팅기법
③ 컴퓨터로 자료를 전송하거나 전송받을 때 바이러스가 침투하듯이 홍보하는 제품이나 서비스의 내용 또는 광고 문구를 자동적으로 따라 나오게 하는 마케팅기법
④ 제품생산 현장으로 고객을 초청하여 제품을 보고, 느끼고, 만들어보고, 사용해볼 수 있도록 하여 제품을 홍보하는 마케팅 기법

58 1981년 아카데미 시상식이 열리던 날 한 가정집에서 30여 명의 사람들이 모여 자신들끼리 즐기며 하던 시상식이 골든 라즈베리 상의 시작이다.

59 TOB(공개매수, Take Over Bid) ··· 경영권 지배를 목적으로 특정기업의 주식을 주식시장 외에서 공개적으로 매수하는 적대적 기업인수 방식
① 파산기업의 채무증권을 매입하여 주채무자가 되어 기업을 정비해서 되파는 기법
② 강제적 인수 시 대상기업의 경영진에게 주식가격을 갑작스럽게 제시하고 이에 응하지 않을 경우 공개매수(TOB)하겠다고 협박하는 방법
③ 증권거래소 매매가 끝난 주말에 전격적으로 매수를 제의하여 인수대상 기업이 방어할 틈을 주지 않는 기법

60 사림원은 충선왕 때 설치되었던 개혁기구로 왕명 출납을 담당하였다.

61 제시된 자료는 한반도에서 출토된 중국화폐인 명도전과 오수전, 한자를 사용했음을 보여주는 붓으로 이는 철기시대 때 중국과 활발한 교류가 이루어졌음을 보여주고 있다.

62 글램핑(glamping)은 화려하다(glamorous)와 캠핑(camping)을 조합해 만든 신조어로 필요한 도구들이 모두 갖춰진 곳에서 안락하게 즐기는 캠핑을 말하는데 북미 · 유럽 등에선 이미 부유층의 여가 트렌드로 정착했다.
① **비부악**(bivouac) : 등산 시 악천후나 사고가 발생하여 계획하지 못했던 장소에서 불가피하게 이루어지는 야영
② **오토캠프**(autocamp) : 호텔 · 여관 등을 이용하지 않고 텐트나 간이 숙박시설을 이용해서 경관을 즐기면서 자동차로 여행하는 일 또는 그 숙박시설
④ **반더포겔**(Wandervogel) : 독일어로 '철새'라는 뜻이며, 철새처럼 산과 들을 돌아다니며 심신을 다지는 일을 목적으로 한다.

63 합계 출산율(여성 한 명이 평생 낳을 수 있는 평균 자녀 수)이 한 국가 인구를 장기간 일정수준으로 유지하는데 필요한 인구대체수준 합계출산율인 2.08명보다 낮은 것을 저출산, 1.5명 이하인 것은 초(超)저출산으로 본다. 한국은 2001년 이후 합계출산율이 1.3명을 밑돌았으며, 2017년 출산율은 1.05였다.

64 공수처는 '고위공직자 비리 수사처'의 줄임말로 수사 대상은 대통령 외에 국무총리, 국회의원, 대법원장 · 대법관 · 판사, 헌재소장 · 재판관, 광역자치단체장 · 교육감을 비롯해 각 정부부처 정무직 공무원, 대통령비서실 · 경호처 · 안보실 · 국정원 3급 이상과 검찰 총장 · 검사, 장성급(전직) 장교, 경무관급 이상 경찰공무원이다. 2017년 5월 출범한 문재인 정부는 '국정운영 5개년 계획'에서 고위공직자 비리 수사처 설치 방침을 밝혔고, 10월 법무부에서 고위공직자의 권력형 비리 수사를 전담할 독립기구인 고위공직자 범죄 수사처 설치를 위한 방안을 발표했다. 법무부는 고위공직자 범죄 수사처에 수사 및 기소, 공소유지 권한을 모두 부여하였다.

65 뮌하우젠 증후군 … 평소 거짓말하기를 좋아했던 독일인 뮌하우젠(1720~1797)의 이야기를 각색한 모험소설 〈말썽꾸러기 뮌하우젠 남작의 모험〉에서 미국의 정신과의사인 아셔(Richard Asher)가 따와 1951년 이름 붙인 것이다. 실제적인 증상은 없어도 병이 있는 것처럼 가장하여 이른바 병원, 의사 '쇼핑'을 하는 증상이다. 자신의 자녀나 주변인이 아무런 병이 없이 건강한데도 병이 있다고 하며 병원이나 의사를 찾아가기도 한다. 의사에게 적대감을 가진 사람에게 많이 생긴다고 한다.

① **사이코패스** : 반사회적 인격장애증을 앓고 있는 사람을 가리킨다. 평소에는 정신병질이 내부에 잠재되어 있다가 범행을 통하여서만 밖으로 드러나기 때문에 주변 사람들이 알아차리지 못하는 것이 특징이다.

② **오셀로 증후군**(Othello syndrome) : 배우자가 불륜을 저질러 자신이 피해를 받고 있다고 비합리적으로 생각하는 것을 의미한다.

③ **리플리 증후군**(Ripley Syndrome) : 허구의 세계를 진실이라 믿고 거짓된 말과 행동을 상습적으로 반복하는 반사회적 인격장애를 뜻하는 용어이다.

66 세계 4대 애니메이션 페스티벌
㉠ 안시 국제 애니메이션 페스티벌(프랑스)
㉡ 오타와 국제 애니메이션 페스티벌(캐나다)
㉢ 히로시마 애니메이션 페스티벌(일본)
㉣ 자그레브 애니메이션 페스티벌(크로아티아)
※ 국내 애니메이션 페스티벌
    ㉠ 시카프(서울 국제 만화 애니메이션 페스티벌)
    ㉡ 피사프(부천 국제 학생애니메이션 페스티벌)
    ㉢ 카프(춘천 애니타운 페스티벌)

67 제시된 설명에 해당하는 단어는 순서대로 갈라파고스 신드롬(Galapagos syndrome), 에볼라(Ebola) 바이러스, Global 500이다. 따라서 첫 글자를 조합하여 만들 수 있는 단어는 'egg'이다.

68 아스카 문화는 7세기 전반 스이코 천황 때 아스카 지역(현재 나래[奈良]지역)에서 발달한 문화를 말한다. 쇼토쿠 태자가 중앙집권체제 강화를 위하여 불교를 국가적으로 보호하는 과정에서 일본 사회에 널리 침투한 최초의 불교문화로 고구려, 백제, 신라와 중국 남북조 등의 영향을 다양하게 받으며 유교와 도교 등 외래학문과 사상이 다양하게 나타나 국제성이 풍부한 문화였다.

② 기타야마 문화 : 일본 무로마치 시대(1336~1573) 전성기인 아시카가 요시미쓰 쇼군 시대 문화로 14~16세기경 번성한 문화이다. 요시미쓰가 쇼군이면서도 조정의 문관직인 태정대신이 되어 전통적인 왕조문화와 무가(武家)문화를 융화시킨 것이 특징이다.

③ 메이지 문화 : 에도시대 이전의 전통 문화를 계승하면서 사상, 학문, 예술 등의 각 분야에서 서양의 근대 문화를 급속하게 받아들여 일본의 독특한 새로운 문화를 만들어 낸 것이 특징이다.

④ 에도 문화 : 도쿠가와 이에야스가 막부를 개설한 1603년부터 15대 쇼군 요시노부가 정권을 조정에 반환한 1867년까지의 봉건시대 때 문화를 말한다.

69 제시된 자료의 '햇볕정책'은 1998년 4월 3일 김대중 대통령이 영국을 방문했을 때 런던대학교에서 행한 연설에서 처음 사용된 용어이다. 김대중 정부 때 있었던 사실을 고르는 문제이다.

④ 1998년 11월 18일 시작된 금강산관광은 한국 민간인들이 북한을 여행할 수 있게 되었다.

① 경부고속도로는 1968년 2월 1일 착공하여 1970년 7월 7일 전 구간이 왕복4차선 도로로 준공, 개통되었다.

② 1985년 9월, 서울과 평양에서 최초로 이산가족 고향방문단과 예술공연 교환 행사가 이루어졌다.

③ 1988년 9월 17일부터 10월 2일까지 서울올림픽이 개최되었다.

※ 1998년 11월 18일 시작된 금강산관광은 한국의 민간인들이 북한을 여행하는, 남북 분단 50년사에 새로운 획을 그은 사건이다. 이 관광은 한국의 기업인 현대그룹의 오랜 노력과 정부의 햇볕정책이 맞물려 그 결실을 맺었는데, 1989년 1월 현대그룹의 정주영 명예회장이 방북하여 금강산 남북공동개발 의정서를 체결하면서 그 씨앗이 잉태되었다.

70 ① 양적완화 : 중앙은행이 통화를 시중에 직접 공급해 신용경색을 해소하고, 경기를 부양시키는 통화정책

③ 출구전략 : 경기침체기에 경기를 부양하기 위하여 취했던 각종 완화정책을 경제에 부작용이 없는 선에서 서서히 거두어들이는 전략

④ 뉴딜정책 : 미국의 루스벨트 대통령이 1930년대 대공황을 극복하기 위하여 추진했던 일련의 경제정책

71 '강화도조약'은 1876년 2월 강화도에서 조선과 일본이 체결한 조약으로 일본의 군사력을 동원한 강압에 의해 체결된 불평등 조약으로 공식 명칭은 '조일수호조규'이다. 이 조약에는 인천, 부산, 원산의 개항과 일본인에 대한 치외 법권인정과 조선 연안에 대한 자유로운 측량 및 일본 화폐 통용, 무관세 무역 인정 등의 내용을 담고 있다.

① **제물포조약** : 1882년 임오군란으로 발생한 일본 측의 피해 보상 문제 등을 다룬 조선과 일본 사이의 조약

② **조미조약** : 1882년 조선과 미국 간에 체결된 통상협정조약

④ **을사조약** : 1905년 일본이 한국의 외교권을 박탈하기 위해 강제로 체결한 조약

72 치킨게임…국제정치학에서 사용하는 게임이론 중 하나로 1950년대 미국 젊은이들 사이에서 유행하던 자동차 게임의 이름이다. 이 게임은 한밤중 도로의 양 끝에서 두 명의 경쟁자가 자신의 차를 몰고 정면으로 돌진하다가 충돌 직전 핸들을 꺾는 사람이 지는 경기로 핸들을 꺾은 사람은 겁쟁이(치킨)로 몰려 명예롭지 못한 사람으로 취급받는다. 반면 어느 한 쪽도 핸들을 꺾지 않을 경우 게임에서는 둘 다 승자가 되지만 결국 충돌함으로써 양쪽 모두 자멸하게 된다. 즉, 어느 한쪽도 양보하지 않고 극단적으로 치닫는 게임이 바로 치킨게임이다. 이 용어는 1950~1970년대 미국과 소련 사이의 극심한 군비경쟁을 꼬집은 용어로 차용되면서 국제정치학 용어로 굳어졌다. 오늘날 이 용어는 정치학뿐만 아니라 여러 극단적인 경쟁으로 치닫는 상황을 가리킬 때 사용된다.

① **란체스터 법칙** : 전력상 차이가 있는 양자가 전투를 벌인다면 원래 전력 차이의 제곱만큼 그 전력 격차가 더 커지게 된다는 것으로 영국의 항공공학 엔지니어인 란체스터가 1, 2차 세계대전 당시 공중전 결과를 분석하면서 무기가 사용되는 확률 전투에서는 전투 당사자의 원래 전력 차이가 결국 전투의 승패는 물론이고 그 전력의 격차를 더욱 크게 만든다는 사실을 발견하면서 이 법칙은 2차 세계대전 당시 연합군의 전략 수립에 큰 영향을 미친 것으로 알려져 있다.

③ **깨진 유리창의 법칙** : 유리창처럼 사소한 것들을 방치해두면 나중에는 큰 범죄로 이어진다는 범죄 심리학 이론이다.

73 '洋夷侵犯 非戰則和 主和賣國'…'서양 오랑캐가 침범하는데 싸우지 않는 것은 화친을 하는 것이요, 화친을 주장하는 것은 나라를 파는 것이다.'라는 의미로 조선 말 흥선대원군이 서양 제국주의 세력의 침략을 경계하기 위해 전국 각지에 세운 척화비에 새겨진 내용이다.

74 ① 제품의 생산 및 유통과정 전반에 걸쳐 국제규격을 제정한 소비자 중심의 국제품질보증제도

③ 의약품의 안정성과 유효성을 품질에서 보증하는 기본조건으로서의 우수의약품의 제조·관리의 기준

④ 영국표준협회가 중심이 되어 제정한 조직의 보건과 안전경영시스템에 관한 국제표준으로 조직이 자율적으로 산업재해를 예방하기 위해 위험요인을 파악하고 지속적인 관리하기 위한 최소한의 요구사항을 정한 규격

75 그린메일 … 경영권이 취약한 대주주에게 보유주식을 높은 가격에 팔아 프리미엄을 챙기는 투자자들이 주식을 매수하도록 유도하는 편지로, 초록색인 달러화를 요구한다는 의미에서 그린메일이라고 불린다.

76 세계 4대 발명품은 종이, 나침반, 인쇄술, 화약이며 모두 중국에서 발명되었다 하여 중국의 4대 발명품이라고도 불린다.

77 ㈎ 우리나라 최고의 역사서는 「삼국사기」이다.

㈏ 「세종실록지리지」에서 우산도(독도)를 울릉도와 함께 강원도 울진현에 편입시킨 것을 볼 수 있다.

78 합명회사 … 무한책임사원만으로 구성된 회사로, 각 사원이 회사의 채권자에 대하여 직접 책임을 지는 데에서 대외적으로 인적 신용이 중시되고, 사원의 책임강도는 내부적으로 사원 상호 간의 신뢰관계를 필요로 한다. 동시에 사원의 기업경영에 대한 참가를 강화함으로써 회사는 마치 개인기업의 공동경영과 같은 인상을 주게 되며, 사단법인이면서도 실질적으로는 조합적 성격을 띤다.

79 디플레이션 … 통화축소를 가리키는 말로 상품거래량에 비하여 통화량이 지나치게 적어져 화폐가치는 올라가고 물가는 떨어지는 현상이다.

80 녹색기후기금(Green Climate Fund : GCF) … 개발도상국의 온실가스 감축과 기후변화 적응을 지원하기 위한 세계 첫 기후 변화 특화 기금으로 유엔(UN) 산하의 국제기구이다.

① 유엔인간환경회의

② 유엔환경계획

④ 생물다양성협약

81 ④ 금산분리는 금융자본과 산업자본이 상대 업종을 소유하거나 지배하는 것을 금하는 원칙으로, 중간지주회사 제도는 금산분리를 완화하면서 그에 따른 부작용을 최소화 하고자 한다.

82 레드칩…중국 정부와 국영기업이 최대주주로 참여해 홍콩에 설립한 우량 중국 기업들의 주식으로 주식시장에서 재무구조가 건실하고 경기변동에 강한 대형우량주인 블루칩에 대항하여 홍콩 주식투자가들이 통용한 용어이다.

83 ① CDO(Chief of Distribution Officer)
② CEO(Chief of Executive Officer) : 최고경영자
③ CIO(Chief of Information Officer) : 최고정보책임자(또는 정보담당임원)
④ COO(Chief of Operation Officer) : 최고운영책임자

84 양적완화…중앙은행이 통화를 직접 시장에 공급하는 것으로 기준금리 조절을 통해 간접적으로 통화의 유동성을 조절하는 방식과는 차이가 있다. 기준금리가 제로에 근접하여 기준금리 인하만으로는 경기부양에 한계가 있을 때 주로 시행하는 정책으로 중앙은행이 시중에 있는 채권이나 증권 등을 사들이는 방식으로 이뤄진다.

85 중국인 노동자를 고용하여 생산하므로 중국의 GNP가 증가하고, 중국 내에서 생산 활동이 이루어지므로 중국의 GDP도 증가한다.
 ※ GNP와 GDP
  ㉠ GNP : 일정 시간동안 한 나라의 국민에 의해서 생산된 최종생산물의 시장가치
  ㉡ GDP : 일정 시간동안 한 나라의 국경 내에서 생산된 최종생산물의 시장가치

86 이연자산…기업이 장래의 이익을 기대하고 행한 특정 항목의 지출로서, 이를 지출연도의 비용으로 처리하지 않고 차기 이후의 수익과 대응하여 단계적으로 비용화시키기 위하여 일단 자산으로 계상한 것이다. 창업비, 개업비, 신주발행비용, 액면미달금액, 사채발행차액, 건설이자, 연구개발비 등이 이에 속한다.

87 열용량(H)=질량(M)×비열(C)이므로 비열을 구하기 위해서 열용량과 질량이 필요하다.

88 어떤 기관이 열량을 받아서 일을 하게 되면 열은 에너지로 전환된다. 즉, 열은 일과 같이 다른 형태의 에너지이다.

89 ① 물체가 가진 역학적 에너지가 열이나 일에 의해 물체의 분자들 내부에너지로 이동하더라도 열에너지를 포함하면 에너지가 보존된다.
③ 온도가 다른 물체들 사이에 열이 이동하며, 고온의 물체가 잃어버린 열량은 저온의 물체가 얻은 열량과 같다.
④ 기체의 상태에 관계없이 용기 내의 일정량의 기체의 등온정압변화는 일정하다.

90 전위차 … 두 점 사이에서 단위전하를 이동시키는 데 드는 일이다.

91 실크로드는 내륙 아시아를 횡단하는 동서통상로로, BC 2세기 후반 한무제에 의해서 개척되었다. 중국에서 수출된 상품이 비단인 데서 유래되었으며 이를 통해 보석, 직물, 유리제품과 같은 서역의 물건뿐 아니라 불교·이슬람교·조로아스터교 등 종교와 사상, 그리고 예술 분야에서의 교류도 자연스럽게 이루어졌다.

92 메이지유신은 메이지 천황 때 막부체제를 무너뜨리고 왕정복고를 이룩한 변혁과정으로, 국민의 실정을 고려하지 않는 관주도의 일방적 개혁으로 자본주의 육성과 군사적 강화에 노력하였다.

93 1919년 5월 4일 베이징에서 일어난 중국 민중의 반봉건·반제국주의 운동이다. 파리강화회의에 제출한 중국의 요구가 무시되자 학생과 지식인을 중심으로 일본과 그와 결탁한 군벌에 대한 반대시위로 시작되었다.

94 3B정책 … 1890년 비스마르크 사임 후 빌헬름 2세는 범게르만주의를 표방하는 이른바 세계정책을 통해 국제관계를 긴장시키게 되었다. 특히 베를린·비잔티움·바그다드를 연결하는 3B정책을 추진하였다.

95 ② 1783년 파리조약의 체결로 아메리카합중국의 독립이 인정되었다.

96 ③ 교우이신(交友以信) … 신라 진평왕 때 원광법사가 화랑에게 일러준 다섯 가지 계명인 세속오계(世俗五戒)에 속한다.

※ 삼강오륜(三綱五倫)

구분	내용
삼강(三綱)	군위신강(君爲臣綱), 부위자강(父爲子綱), 부위부강(夫爲婦綱)
오륜(五倫)	군신유의(君臣有義), 부자유친(父子有親), 부부유별(夫婦有別), 장유유서(長幼有序), 붕우유신(朋友有信)

97 ① 심즉리설(心卽理說) : 인간의 마음인 심(心)이 곧 우주자연의 이법인 이(理)와 같다는 의미이다. 왕양명의 사상이다.

② 지행합일(知行合一) : 인간이 본래부터 타고난 참된 앎인 양지(良知)를 근거로 하여, 양심을 바르게 깨닫고 그에 따라 실천할 것을 강조하였다.

③ 치양지설(致良知設) : 인간이 본래부터 타고난 참된 앎(양지)을 구체적이고 적극적으로 발휘하는 것을 말한다.

④ 격물치지(格物致知) : 인간이 자신을 포함해 세계의 참모습에 대하여 밝게 아는 것을 말한다.

①, ②, ③은 양명학의 사상이며, ④는 주자의 사상이다.

98 ① 성리학에서 '이(理)'는 세계의 참모습을 말하며, '기(氣)'는 세계의 현실적인 모습을 구성하는 것이다.

99 ① '인간은 만물의 척도'라고 한 사람은 프로타고라스(Protagoras)이다.

100 「프로테스탄티즘의 윤리와 자본주의의 정신」은 독일의 경제학자이자 사회학자인 막스 베버(M. Weber)가 지은 책이다. 1920년에 간행된 이 책은 프로테스탄트 윤리가 자본주의의 정신에 얼마나 직접적인 영향을 주었는가를 사회학적 측면에서 분석해 청교도의 직업관과 윤리의식이 영리추구를 정당화시켜 서유럽 자본주의의 형성에 큰 공헌을 했다고 주장하였다.

정답 및 해설

1	2	3	4	5	6	7	8	9	10	11	12	13	14	15	16	17	18	19	20
④	②	②	③	①	②	①	④	②	②	④	②	②	③	④	④	④	①	④	③
21	22	23	24	25	26	27	28	29	30	31	32	33	34	35	36	37	38	39	40
①	④	③	①	②	④	①	③	①	④	③	④	④	④	④	②	③	③	③	③
41	42	43	44	45	46	47	48	49	50	51	52	53	54	55	56	57	58	59	60
①	④	④	④	③	②	③	②	①	②	①	④	④	④	②	①	③	③	①	①
61	62	63	64	65	66	67	68	69	70	71	72	73	74	75	76	77	78	79	80
①	③	③	③	①	④	④	④	③	②	③	④	①	③	④	④	②	①	③	②
81	82	83	84	85	86	87	88	89	90	91	92	93	94	95	96	97	98	99	100
③	③	①	③	②	④	①	①	②	④	①	④	④	③	④	②	④	④	②	③

1　④ 위풍→웃풍 : 겨울철 방 안의 천장이나 벽 사이로 스며들어 오는 찬 기운

2　유치환의 시 「깃발」에 나오는 노스탤지어의 손수건은 깃발을 의미하는 것으로 이상향에 대한 동경과 향수·좌절을 의미한다.
　　① 馬耳東風(마이동풍)은 남의 말을 귀담아 듣지 않고 흘려버리는 것을 말한다.
　　② 首丘初心(수구초심)은 여우가 죽을 때에 머리를 자기가 살던 굴 쪽으로 바르게 하고 죽는다는 말로, 고향을 그리워하는 마음을 비유한 것이다.
　　③ 肝膽相照(간담상조)는 서로가 마음속을 툭 털어놓고 숨김없이 친하게 사귄다는 뜻이다.
　　④ 康衢煙月(강구연월)은 번화한 거리에서 달빛이 연무에 은은하게 비치는 모습을 형용하는 말로서 태평성대의 평화로운 풍경을 나타내는 사자성어이다.

3　문예사조의 흐름 … 고전주의 – 낭만주의 – 사실주의 – 자연주의 – 유미주의 – 상징주의 – 초현실주의 – 주지주의 – 행동주의 – 실존주의

4 ① 유착 : 사물들이 서로 깊은 관계를 가지고 결합하여 있음
   ② 비호 : 편들어서 감싸 주고 보호함
   ③ 분해 : 여러 부분이 결합되어 이루어진 것을 그 낱낱으로 나눔 → 해명 : 까닭이나 내용을 풀어서
      밝힘
   ④ 곤란 : 사정이 몹시 딱하고 어려움

5 ② 워크샵 → 워크숍
   ③ 악세사리 → 액세서리
   ④ 앙케이트 → 앙케트
   ※ 외래어 표기의 원칙
     • 국어의 현용 24자모만으로 적는다.
     • 외래어의 1음운은 원칙적으로 1기호로 적는다.
     • 받침에는 'ㄱ, ㄴ, ㄹ, ㅁ, ㅂ, ㅅ, ㅇ'만을 쓴다.
     • 파열음 표기에는 된소리를 쓰지 않는 것을 원칙으로 한다.
     • 이미 굳어진 외래어는 관용을 존중하되, 그 범위와 용례는 따로 정한다.

6 순수 · 참여논쟁은 문학의 현실문제에 대한 대응방법을 놓고 전개된 것으로 참여론자들은 현실 외
   면의 이유로 순수문학을 부정, 순수론자들은 문학의 정치에의 예속화를 우려하고 있다.

7 ① 길섶은 길의 가장자리를 뜻한다.

8 ① 탕약 20첩, 또는 그만한 분량으로 지은 환약을 말한다.
   ② 붓 10자루를 말한다.
   ③ 바늘 24개를 한 묶음으로 하여 세는 단위이다.
   ④ 채소나 과일 따위를 셀 때 100개를 한 단위로 이르는 말이다.

9 '범하다, 간여하다'의 뜻으로 쓸 때는 '干'을 사용하는 것이 적절하다.
   ① 사이 간 ③ 대쪽 간 ④ 장대 간

10 殺傷(살상), 殺菌(살균), 殺氣(살기)에서는 죽인다는 의미이고, 殺到(쇄도)에서는 빠르다는 의미이다.

11 ④ 견마지로(犬馬之勞) : 개나 말의 하찮은 힘이라는 뜻으로, 임금이나 나라에 충성을 다하는 노력 또는 윗사람에게 바치는 자기의 노력을 낮추어 말할 때 쓰는 말

12 ① 조민유화(兆民有和) : 국민의 화합과 나아가 인류의 화합을 지향한다는 의미이다.
② 민귀군경(民貴君輕) : 백성이 존귀하고 사직은 그 다음이며, 임금은 가볍다는 의미이다.
③ 준조절충(樽俎折衝) : 술자리에서 적의 창끝을 꺾는다는 말로, 평화로운 연회 자리에서 유리하게 외교활동을 벌인다는 의미이다.
④ 장수선무(長袖善舞) : 소매가 길면 춤을 잘 출 수 있다는 말로, 어떤 일을 함에 있어서 조건이 좋은 사람이 유리하다는 의미이다.

13 ② 앞부분에서는 동물의 의사전달 수단을 뒷부분에서는 인간 언어만의 고유성을 이야기하고 있으므로 역접 관계를 나타내는 '그러나'가 들어가야 한다.

14 ㉠ 귀감(龜鑑) : 거북등과 거울이라는 뜻으로 사물의 본보기를 말한다.
㉡ 상아탑(象牙塔) : 코끼리 상, 어금니 아, 탑 탑으로 학자들의 현실도피적인 학구 생활을 말한다.
㉢ 계륵 : 닭의 갈비라는 뜻으로 먹기에는 너무 맛이 없고 버리기에는 아까워 이러지도 저러지도 못하는 형편을 말한다.

15 ④ 주제문은 문단 전체의 내용을 포괄할 수 있는 내용이어야 한다.

16 ④ 제시된 글을 전통과 인습을 구별하여 현재 문화 창조에 이바지할 수 있는 전통만을 계승해야 할 것이라는 입장을 보인다.

17 ④ 상강(霜降)은 가을을 나타내고, 나머지는 봄을 의미한다.

※ 계절을 나타내는 한자
ㄱ 봄(春) : 입춘(立春), 우수(雨水), 경칩(驚蟄), 춘분(春分), 청명(淸明), 곡우(穀雨)
ㄴ 여름(夏) : 입하(立夏), 소만(小滿), 망종(芒種), 하지(夏至), 소서(小暑), 대서(大暑)
ㄷ 가을(秋) : 입추(立秋), 처서(處暑), 백로(白露), 추분(秋分), 한로(寒露), 상강(霜降)
ㄹ 겨울(冬) : 입동(立冬), 소설(小雪), 대설(大雪), 동지(冬至), 소한(小寒), 대한(大寒)

18 ① 북한 정권을 변하지 않은 상수로 규정하면서 햇볕정책으로는 바꿀 수 있다고 주장하는 것은 모순이다. 따라서 말이 이치에 맞지 않는다는 의미의 '語不成說(어불성설)'이 적절하다.
② 大器晚成(대기만성) : 큰 그릇은 만드는 데는 시간이 걸린다는 말로, 큰 사람이 되기 위해서는 많은 노력과 시간이 필요하다는 의미
③ 附和雷同(부화뇌동) : 우레 소리에 맞추어 천지 만물이 함께 울린다는 말로, 줏대 없이 남의 의견에 동조한다는 의미
④ 脣亡齒寒(순망치한) : 입술을 잃으면 이가 시리다는 말로, 가까운 사이의 한쪽이 망하면 다른 한쪽도 그 영향을 받아 온전하기 어렵다는 의미

19 ① 약산 : 목술 관계(산을 좋아한다)
② 치국 : 술목 관계(나라를 다스린다)
③ 수신 : 목술 관계(몸을 다스리다)
④ 귀가 : 술보 관계(집에 돌아가다)

20 ③ 「테스」, 「귀향」은 토마스 하디(영국)의 작품이다. 토마스 만은 독일의 소설가이자 평론가로 독일의 소설예술을 세계적 수준으로 높였다. 1929년 「바이마르 공화국의 양심」으로 노벨문학상을 받았다.

21 ① 국회법, 법원조직법, 정부조직법은 실질적 의미의 헌법이 많이 포함되어 있다.

22 ①③ 헌법개정한계설의 견해를 따르면 헌법의 기본적인 동일성이나 본질적인 내용은 개정할 수 없다. 즉, 개정에 있어서도 헌법제정권자가 정립한 기본원리가 되는 조항은 개정할 수 없다. 이는 기본적으로 헌법조항 간에 상하의 가치질서가 존재한다는 것을 의미한다.

　　② 현행 헌법 제130조 제1항은 헌법개정시 국회의 의결을 거치도록 규정하고 있으므로 이를 거치지 않은 헌법개정은 위헌이며 무효이다.

　　④ 헌법은 전문과 각 개별조항이 서로 밀접한 관련을 맺으면서 하나의 통일된 가치체계를 이루고 있는 것으로서, 헌법의 제 규정 가운데는 헌법의 근본가치를 보다 추상적으로 선언한 것도 있고, 이를 보다 구체적으로 표현한 것도 있으므로 이념적·논리적으로는 규범 상호 간의 우열을 인정할 수 있는 것이 사실이다. 그러나, 이때 인정되는 규범 상호 간의 우열은 추상적 가치규범의 구체화에 따른 것으로 헌법의 통일적 해석에 있어서는 유용할 것이지만, 그것이 헌법의 어느 특정규정이 다른 규정의 효력을 전면적으로 부인할 수 있을 정도의 개별적 헌법규정 상호 간에 효력상의 차등을 의미하는 것이라고는 볼 수 없다(헌재 1995.12.28, 95헌바3).

23 ③ 북한개념의 이중성으로 인해 유동적인 입법을 할 수 있다.

　　① 국가보안법의 근거가 헌법 제3조라는 것이 다수설이나 헌법 제37조 제2항이 헌법상 근거라는 설이 제기되고 있다.

　　②④ 1992.2.19. 발효된 '남북사이의 화해와 불가침 및 교류협력에 관한 합의서'는 일종의 공동성명 또는 신사협정에 준하는 성격을 가짐에 불과하여 법률이 아님은 물론 국내법과 동일한 효력이 있는 조약이나 이에 준하는 것으로 볼 수 없다(헌재 2000.7.20, 98헌바63).

24 ① 외국인에게는 입국의 자유는 인정되지 아니하지만, 일단 입국이 허용된 외국인에게는 출국의 자유가 허용된다.

　　③ 예외적으로 될 수 있는 경우도 있다. 서울대학교의 경우 공법인으로서 공권력 행사자의 지위와 함께 학문의 자유를 규정한 헌법 제31조에 의해 대학의 자율권을 누린다.

　　④ 지방의회의원선거법 제36조 제1항의 '시·도의회의원 후보자는 700만원의 기탁금'부분은 너무 과다하여, 자연인의 경우는 헌법 제11조의 평등권, 제24조의 선거권, 제25조의 공무담임권 등을 침해하는 것이고, 정당의 선거에 있어서 기회균등의 보장을 받을 수 있는 헌법적 권리를 침해한 것이다(헌재 1991.3.11, 91헌마21).

25 ② 민주주의를 종래와 같이 가치상대적으로 이해하면 민주주의는 자유주의와 이념적으로 상통하고 결합이 용이하다. 그러나 민주주의를 가치구속적으로 이해한다면 양자는 이념적으로 긴장관계를 보이게 된다.

26 ① 제6조

② 법률과 동일한 효력이 있으므로 타당하다.

③④ 국회는 상호원조 또는 안전보장에 관한 조약, 중요한 국제조직에 관한 조약, 우호 통상항해조약, 주권의 제약에 관한 조약, 강화조약, 국가나 국민에게 중대한 재정적 부담을 지우는 조약 또는 입법사항에 관한 조약의 체결·비준에 대한 동의권을 가진다〈제60조 제1항〉.

27 ② 지방자치단체는 법령의 범위 안에서 그 사무에 관하여 자치조례를 제정할 수 있으나 이 때 사무란 지방자치법 제9조 제1항에서 말하는 지방자치단체의 자치사무와 법령에 의하여 지방자치단체에 속하게 된 단체위임사무를 가리키므로 지방자치단체가 자치조례를 제정할 수 있는 것은 원칙적으로 이러한 자치사무와 단체위임사무에 한하므로, 국가사무가 지방자치단체의 장에게 위임된 기관위임사무와 같이 지방자치단체의 장이 국가기관의 지위에서 수행하는 사무일 뿐 지방자치단체 자체의 사무라고 할 수 없는 것은 원칙적으로 자치조례의 제정범위에 속하지 않는다(대판 1999.9.17, 99추30).

③ 지방의회 의원에게는 특권이 인정되지 않는다.

④ 지방의회는 헌법사항이므로 헌법개정을 통해야 한다.

28 ③ 칼 슈미트는 결단주의자로 기본권을 초국가적 자연권으로 본다.

29 ① 헌법재판소는 민중당이 제기한 지방의회의원선거법 제36조 제1항(시·도의회의원 후보자 700만원 기탁금)에 대한 헌법소원 심판을 인용함으로써 정당의 청구인능력과 이 사건에서 청구인적격(자기관련성)을 인정하였다(헌재 1991.3.11, 91헌마21).

② 독일기본법은 내국법인에 한정하여 기본권 주체성을 인정하고 있다.

③ 단체의 구성원이 기본권을 침해당한 경우 단체가 구성원의 권리구제를 위해 헌법소원을 청구하는 것은 원칙적으로 허용될 수 없다(헌재 1991.6.13, 90헌마56).

④ 헌법재판소는 국가나 지방자치단체에 대해서는 예외 없이 기본권 주체성을 모두 부정하였으나 공법상의 영조물인 서울대학교(헌재 1992.10.1, 92헌마68)와 공법인·국립대학인 세무대학(헌재 2001. 2.22, 99헌마613)의 기본권 주체성을 인정한 바 있다. 원칙적으로 공법인은 기본권의 수범자인 동시에 기본권의 주체가 될 수 없다는 혼동논거에 따라 공법인은 기본권의 수범자 또는 객체이므로 기본권 주체가 될 수 없다. 그러나 예외적으로 국가가 일정한 기본권의 실현에 이바지하기 위해 설치한 공법인은 그 범위 안에서 제한적으로 기본권의 주체성이 인정된다.

30 ④ 정치적 평등이나 재산권 보장에서는 합리적 차별이 인정된다.

31 ③ 비속의 직계존속에 대한 존경과 사랑은 봉건적 가족제도의 유산이라기 보다는 우리 사회윤리의 본질적 구성부분을 이루고 있는 가치질서로서, 특히 유교적 사상을 기반으로 전통적 문화를 계승·발전시켜 온 우리나라의 경우는 더욱 그러한 것이 현실인 이상, '비속'이라는 지위에 의한 가중처벌의 이유와 그 정도의 타당성 등에 비추어 그 차별적 취급에는 합리적 근거가 있으므로, 이 사건 법률조항은 헌법 제11조 제1항의 평등원칙에 반한다고 할 수 없다(헌재 2002.3.28, 2000헌바53).

32 ④ 비상계엄하의 군사재판은 군인·군무원의 범죄나 군사에 관한 간첩죄의 경우와 초병·초소·유독음식물 공급·포로에 관한 죄 중 법률이 정한 경우에 한하여 단심으로 할 수 있다. 다만, 사형을 선고한 경우에는 그러하지 아니하다〈제110조 제4항〉.

33 ④ 권리포기의 이론, 공익의 이론, 공적 인물의 이론 등을 종합적인 기준으로 하여 당시의 구체적 사정에 따라 사생활의 보호와 언론의 자유의 법익을 형량하여 결정하여야 한다.

34 액세스권이란 언론매체에 대한 접근이용권을 말하는데 언론독점화 현상이 심화되어가는 현대사회에서 더욱 그 의미가 중요시되고 있다.

35 ① 종교적 표현은 헌법 제21조 제1항의 표현의 자유에 대한 특별법적 성격을 갖는다(대판 1996.9.6, 96다19246). 또한 집회와 시위에 관한 법률 제15조도 종교적 집회에 관하여 동법의 적용을 배제하고 있다.
② 아울러 법인에게는 부분적으로 인정될 수 있다.
④ 경향기업의 경우에는 단체설립의 목적을 실현하기 위해 구성원의 사상이나 신조를 고용조건으로 삼을 수 있다.

36 ① 재산권은 모든 국민, 법인, 외국인도 주체가 된다.

② 상속권은 재산권의 일종이므로 상속제도나 상속권의 내용은 입법자가 입법정책적으로 결정하여야 할 사항으로서 원칙적으로 입법자의 입법형성의 자유에 속한다고 할 것이지만, 입법자가 상속제도와 상속권의 내용을 정함에 있어서 입법형성권을 자의적으로 행사하여 헌법 제37조 제2항이 규정하는 기본권 제한의 입법한계를 일탈하는 경우에는 그 법률조항은 헌법에 위반된다(헌재 1998. 8.27, 96헌가21).

④ 토지거래허가제는 헌법이 정하고 있는 경제질서와 충돌이 없다고 할 것이므로 이를 사적 자치의 원칙이나 헌법상의 보충의 원리에 위배된다고 할 수 없다(헌재 1989.12.22, 88헌가13).

37 ③ 형사피고인은 유죄의 판결이 확정될 때까지는 무죄로 추정된다〈제27조 제4항〉.

38 ③ 마약거래범죄자라는 이유로 보호대상자로 결정되지 못한 북한이탈주민도 북한이탈주민의 보호 및 정착지원에 관한 법률에 따른 정착지원시설 보호, 거주지 보호, 학력 및 자격 인정, 국민연금 특례 등의 보호 및 지원을 받을 수 있고, 일정한 요건 아래 국민기초생활 보장법에 따른 급여 등을 받을 수 있는 등으로 인간다운 생활을 위한 객관적인 최소한의 보장을 받고 있으므로, 이 사건 법률조항이 마약거래범죄자인 북한이탈주민의 인간다운 생활을 할 권리를 침해한다고 볼 수 없다(헌재 2014. 3. 27. 2012헌바192).

39 ③ 모든 국민은 그 보호하는 자녀에게 적어도 초등교육과 법률이 정하는 교육을 받게 할 의무를 진다〈제31조 제2항〉.

40 ③ 대의제는 국민의사를 파악하기 위해서는 중재자가 필요하고 이 중재자만이 국민의 진정한 의사를 확인할 수 있다는 전제에 있으므로 자유위임일 수밖에 없다.

41 ② 겨울(한랭건조)

③ 봄·가을(온난건조)

④ 여름(고온다습)

42 미식축구는 11명의 선수가 하는 경기다.

43 ④ 큐비즘(cubism)의 색채경시의 경향을 문제 삼아 다채로운 색을 동시적 존재로 바꾼 것이 들로네의 오르피즘(Orphism)이며, 그의 이론이 마케, 마르케, 클레를 중심으로 한 청기사 운동에 영향을 미쳤다.

44 문화의 속성

구분	속성
공유성	구성원들이 서로 공유하는 공통적인 경향이다.
학습성	후천적인 학습에 의해 습득한다.
전체성	문화의 각 부분은 상호 밀접한 관계를 맺는다.
축적성	상징체계(언어, 문자)를 통해 축적되고 전달된다.
변동성	시간의 흐름에 따라 문화적 특성들이 변동한다.

45 HDTV는 고선명 텔레비전(high definition television)의 약칭으로 35mm 영화 급의 화질과 CD 수준의 음질을 제공하는 TV 기술이다.
③ 하이비전은 1986년에 발표된 아날로그방식의 HDTV이다.

46 ② 사이클론은 인도양·아라비아해에서 발생하여 뱅골만으로 부는 열대성 저기압이다.

47 근대5종 … 펜싱, 수영, 승마, 복합(사격, 육상)경기 등 5가지 종목을 동일한 경기자가 출장하여 각 종목별로 경기기록을 근대5종점수로 환산하여 그 총득점이 가장 높은 선수를 승자로 하는 경기이다.

48 ① 세레나데(serenade) : '저녁의 음악'이란 뜻으로 애정이나 존경을 품은 사람에게 바치는 노래를 통칭하여 일컫는다.
② 칸타타(cantata) : 종교적인 요구에 의해 작곡되는 대규모의 서정적 성악곡이다.
③ 랩소디(rhapsody) : 광상곡으로 대개 일정한 형식이 없이 환상적이고 자유로운 기악곡이다.
④ 콘체르토(concerto) : 화려한 연주기교를 구사하는 독주악기와 관현악을 위해 작곡된 기악곡을 가리킨다.

49 **포스트모더니즘** … 1960년대에 일어난 문화운동. 미국과 프랑스를 중심으로 사회운동, 전위예술, 해체, 후기 구조주의 사상으로 시작되어 오늘날에 이른다. 이질적인 요소를 서로 중첩하거나 과거의 작품에서 인용하는 등 절충주의적 경향을 보인다.
② 모더니즘(modernism)
③ 다다이즘(dadaism)
④ 아방가르드(avant-garde)

50 ② 오프 더 레코드(off the record)에 대한 설명으로, 엠바고(embargo)는 일정한 시점까지의 보도를 금지하는 것으로 취재대상이 기자들을 상대로 보도 자제를 요청할 경우나, 기자들 간의 합의에 따라 일정 시점까지 보도를 자제하는 행위를 포함한다.

51 제시된 설명에 해당하는 단어는 순서대로 Z모뎀, PayGo원칙, 레버리지(leverage) 비율이다. 따라서 첫 글자를 조합하여 만들 수 있는 단어는 please의 약어인 'plz'이다.

52 제시된 자료의 '오대산 사고본', '국보 제151호' 등을 통해 조선왕조실록임을 알 수 있다.
④ 조선왕조실록은 사관이 기록한 사초를 바탕으로 편찬하였다.
① 민간에서 구전되어 온 설화를 수집하여 기록한 것은 일연의 「삼국유사」이다.
② 발해의 역사를 신라사와 더불어 최초로 서술한 것은 안정복의 「동사강목」이다.
③ 간경도감은 조선 세조 때 설치되고, 불경을 번역하고 간행하던 기관이었다.

53 앨빈 토플러는 그의 저서 '권력 이동'에서 폭력을 저품질 권력, 부를 중품질 권력, 지식을 고품질 권력이라 표현하였다.

54 ④ 독일 뮌헨에서 열리는 세계에서 가장 큰 규모의 민족축제이자 맥주축제이다.
① 스페인 북부 바스크 지방에서 도시의 수호성인인 성 페르민을 기리며 열리는 축제로 소몰이 축제로 알려져 있다.
② 매년 8월 마지막 주 수요일에 개최되는 토마토 던지기 축제이다.
③ 성 조셉을 기리는 이 축제의 하이라이트는 나무와 종이, 석고 등을 이용해 만든 풍자적인 조각들을 불태우는 것이다.

55 ① 워렌 버핏이 부유층에 대한 세금 증세를 주장한 방안으로 일정액 이상의 재산을 보유하고 있는 자에게 그 순자산액의 일정비율을 비례적 혹은 누진적으로 과세하는 세금
③ 저소득층을 지원하기 위한 목적으로 고수익을 올리는 기업 또는 개인에게 부과하는 세금
④ 관세 영역을 통해 수출·수입되거나 통과되는 화물에 대하여 부과되는

56 바나나 공화국(Banana Republic) ··· 1904년 오헨리의 단편 〈양배추와 왕들〉에서 온두라스를 빗댄 가상국가를 그리며 처음 사용된 용어로 바나나 등의 일차산품의 수출에 의지하며 빈부격차와 부패, 쿠데타, 외세 개입 등으로 정치사회적 불안이 일상화된 제3세계 국가를 가리키는 용어이다.

57 ① **무역풍** : 아열대지방의 바람으로 중위도 고압대에서 적도저압대로 부는 바람
② **스콜** : 갑자기 바람이 불기 시작하여 몇 분 동안 지속된 후 갑자기 멈추는 현상
④ **엘니뇨** : 남아메리카 페루 및 에콰도르의 서부 열대 해상에서 수온이 평년보다 높아지는 현상

58 ① **초두효과(Primary Effect)** : 먼저 제시된 정보가 나중에 들어온 정보보다 전반적인 인상 현상에 더욱 강력한 영향을 미치는 것
② **디드로 효과(Diderot Effect)** : 하나의 상품을 구입함으로써 그 상품과 연관된 제품을 연속적으로 구입하게 되는 현상
④ **빈발효과(Frequency Effect)** : 첫인상이 좋지 않게 형성되었다고 할지라도 반복해서 제시되는 행동이나 태도가 첫인상과는 달리 진지하고 솔직하게 되면 점차 좋은 인상으로 바뀌지는 현상

59 ② **본초자오선** : 런던의 구(舊) 그리니치천문대(현재는 케임브리지로 이전)의 자오선을 말한다. 구 그리니치천문대의 자오선은 1884년 국제협정에 의해 지구의 경도의 원점으로 채용되었으며 1935년부터 이 선을 기준으로 하는 그리니치시(時)가 세계시로서 국제적 시간계산에 쓰이게 되었다.
③ **적도저압대** : 적도 부근에서 지구의 동서로 뻗어 있는 기압골
④ **아열대고압대** : 남북 양반구의 위도 30도 부근에서 띠 모양으로 지구를 둘러싸고 있는 기압이 높은 지역

60 ① 제시된 내용은 신채호에 관한 설명이다.

61 지문에 나오는 경칩, 춘분은 모두 음력 2월에 있는 절기로 위 노래는 2월령(2月令)의 한 부분이다.

62 ㉠ 청명 → 봄 농사 준비

㉡ 곡우 → 농사비가 내림

㉢ 소만 → 본격적인 농사의 시작

㉣ 망종 → 씨뿌리기

따라서 모두 농사와 관련이 있음을 알 수 있다.

63 **소한 추위는 꾸어다가라도 한다.** … 추위를 꾸어서라도 소한 때는 반드시 추운 법이라 하여 이르는 말로 소한 때는 반드시 추운 법임을 강조하여 이른 말이다.

① 소한 : 24절기 중 스물세 번째 절기로 작은 추위라는 뜻의 절기이다. 음력으로는 12월에 해당되고 양력 1월 5일 무렵이며 절기 이름으로 보면 소한 다음 절기인 대한 때가 가장 추워야 하지만 실제 우리나라에서는 소한 무렵이 가장 춥다. 그래서 '대한이 소한 집에 가서 얼어죽는다.'라는 속담이 있다.

② 대설 : 24절기 중 스물한 번째에 해당하는 절기로 소설과 동지 사이에 위치한다. 소설에 이어 오는 대설은 눈이 가장 많이 내린다는 뜻에서 붙여진 이름으로 이는 중국 화북지방의 계절적 특징을 반영한 절기이기 때문에 우리나라의 경우 반드시 이 시기에 적설량이 많다고 볼 수는 없다.

③ 대한 : 24절기 중 마지막 스물네 번째 절기로 '큰 추위'라는 뜻의 절기이다. 대한은 음력으로 12월에 해당하고 양력으로는 1월 20일 무렵으로 이 시기가 가장 춥다고 하지만 이는 중국의 기준이고 우리나라에서는 다소 사정이 달라 소한 무렵이 최고로 춥다.

④ 동지 : 24절기 중 스물두 번째 절기로 일 년 중 밤이 가장 길고 낮이 가장 짧은 날이다.

64 ㉠ 「호질」, ㉡ 「광문자전」, ㉢ 「민옹전」으로 모두 박지원의 단편소설들이다.

65 ㉠ 무장공자(無腸公子) : 창자가 없는 동물이라는 뜻으로 '게'를 이르는 말

㉡ 영영지극(營營之極) : 앵앵거리면서 바쁘게 왔다갔다 하는 '파리'를 이르는 말

㉢ 쌍거쌍래(雙去雙來) : 항상 쌍쌍이 다니는 '원앙'을 이르는 말

㉣ 반포지효(反哺之孝) : '까마귀' 새끼가 자라서 늙은 어미에게 먹이를 물어다 주는 효(孝)라는 뜻으로, 자식이 자란 후에 어버이의 은혜를 갚는 효성을 이르는 말

66 • 옐로우칩(Yellow Chip)
• 붉은 여왕 효과(Red Queen effect)
④ 노란색+빨간색→주황색(Orange)

67 아그레망… 파견국이 특명전권대사 등의 외교사절단의 장을 파견하기 위해 사전에 얻어야 하는 접수국의 동의
① 농 르풀망 원칙 : 박해받을 위험이 있는 국가로 난민을 송환해서는 안 된다는 국제법상의 원칙
② 대사·공사의 수행을 담당하는 전문 직원. 각 부처에서 정보 수집 등을 위해 대사관이나 공사로 파견하는 직원으로, 외국공관장의 업무를 보조하는 역할을 하는 연락관, 상무관, 무관 등
③ 국제법상 분쟁해결을 위하여 당사자 간에 편의적으로 체결되는 잠정적 협정이나 일시적 합의

68 ④ 문서에는 원칙적으로 상사의 존칭을 생략한다(부장님 지시→부장 지시).

69 ①은 철기시대, ②는 신석기 시대, ③은 청동기시대, ④는 구석기시대와 관련이 있는 내용이다. 반달돌칼은 청동기시대 유물로 두 개의 구멍에 끈을 꿰어 곡식의 이삭을 자르는 데 활용하였다. 또한 바퀴날 도끼, 홈자귀, 괭이, 돌도끼 등의 석기 또는 목기 농기구와 미송리식 토기, 민무늬 토기, 송국리식 토기 등을 사용하였다.

70 ① 정보의 송수신을 원활하게 하기 위해서 정보를 일시적으로 저장하여 처리 속도의 차를 흡수하는 방법
③ 명령어와 데이터를 캐시 기억 장치 또는 디스크 캐시에 일시적으로 저장하는 것
④ 특정 홈페이지를 접속할 때 생성되는 정보를 담은 임시파일

71 립스틱 효과… 저가제품 선호추세라고도 한다. 1930년대 미국의 경제학자들이 만든 용어로 경기불황으로 전체적인 소비가 감소하는 상황에서 적은 비용으로 소비자의 욕구를 충족시켜주는 일부의 저가제품의 매출은 오히려 증가하는 현상을 말한다.

72 ④ 셰일가스는 1800년대부터 발견됐지만 기술의 부족으로 본격적인 생산이 2000년대 들어서야 시작되었다.

73 세라믹의 특징

ⓐ 결정구조가 복잡하고 다양하다.

ⓑ **압전성** : 압력을 가하면 전기를 발생시킨다.

ⓒ **초전성** : 열을 받으면 전기를 발생시킨다.

ⓓ **광분해성** : 빛을 받아서 전자를 발생하여 유해물질을 분해한다.

ⓔ 내열성, 내마모성, 내식성

74 **향도** ··· 불교 신앙의 하나로 위기가 닥쳤을 때를 대비하고, 미륵을 만나 구원받고자 하는 염원에서 향나무를 바닷가에 묻었다가, 이를 통하여 미륵을 만나 구원받고자 하는 염원에서 향나무를 땅에 묻었는데 이러한 활동을 매향이라고 한다. 매향활동을 하는 무리를 향도라 하였고, 시간이 흐를수록 신앙적인 향도에서 자신들의 이익을 위하여 조직되는 향도로 변모되어 마을 노역, 혼례나 상장례 등 공동체 생활을 주도하는 농민조직으로 발전되었다.

① **두레** : 삼한 이래로 형성된 전통적인 공동 노동조직이다.

② **향약** : 조선시대 양반 중심의 자치규약으로, 조선 중종 때 처음 시행되어 전국적으로 확산되었다.

④ **동계** : 조선시대 지방 사족들만이 참여하는 것으로 시작되어 임진왜란 이후 양반과 평민층이 함께 참여하는 상하 합계의 형태로 전환하였다.

75 ① 소득분포를 나타낸 도표에서 소득의 불평등도를 나타내는 곡선

② 미국의 경제학자 A. 래퍼가 제시한 세수와 세율 간의 관계를 나타낸 곡선

④ 수요의 변화에도 불구하고 생산설비규모의 변화가 불가능한 단기에 상품가격과 공급량의 관계를 나타내는 곡선

76 ④ '지체하다'란 뜻의 'morari'에서 파생된 말로 대외 채무에 대한 지불유예(支拂猶豫)를 말한다. 신용의 붕괴로 인하여 채무의 추심이 강행되면 기업의 도산(倒産)이 격증하여 수습할 수 없게 될 우려가 있으므로, 일시적으로 안정을 도모하기 위한 응급조치로서 발동된다.

① 무선통신을 뜻하는 '모바일(Mobile)'과 '블로그(Blog)'를 합쳐 만든 신조어. 때와 장소 가리지 않고 모바일을 관리 할 수 있어 인기를 끌고 있다.

② 모라토리움 신드롬은 독일 심리학자 에릭슨이 처음 사용한 용어로써 1960년대에 들어 지적, 육체적, 성적인 면에서 한 사람의 몫을 할 수 있으면서도 사회인으로써의 책임과 의무를 짊어지지 않는다는 것을 뜻한다.

③ 서브프라임(Subprime)은 '최고급 다음가는, 최우대 대출 금리보다 낮은'을 의미하며 모기지(Mortgage)는 '주택담보대출'이라는 뜻이다. 즉, 한마디로 신용등급이 낮은 저소득층을 대상으로 주택자금을 빌려주는 미국의 주택담보대출 상품을 말한다.

77 ① CAM(Computer Aided Manufacturing) : 컴퓨터를 이용하여 제조업무를 실시하는 것이다.

③ ZD(Zero Defect)운동 : 무결점운동 또는 NE (No Error)운동을 의미한다. 작업과정에서 결함을 영(zero)으로 하여 제품이나 서비스의 개선과 고도의 신뢰성, 저가격 및 납기일 엄수 등을 촉진하여 고객의 만족을 향상시키는 운동으로, 1962년 미국의 미사일 제작회사인 마틴사에 의해서 시작되었다.

④ CPM(Cost Per Millenium) : 1천명 혹은 1천세대의 수용자에게 도달하는 데 드는 광고요금비율로 광고주가 광고비를 얼마나 효율적으로 사용했는가를 재는 척도이다.

78 슈바베의 법칙(Schwabe's law) … 독일의 통계학자인 슈바베가 발견한 근로자의 소득과 주거비에 대한 지출의 관계 법칙으로, 소득수준이 높으면 높을수록 주거비에 대한 지출액이 증가하지만 전체 생계비에서 주거비의 비율은 낮고, 소득이 낮을수록 전체 생계비에서 주거비의 비율은 높아진다는 것을 의미한다. 그러나 현재는 가구·집기에 대한 지출액이 증대하였으며 그 때문에 소득수준의 상승에 따라 주거비의 비중이 실제로는 오히려 증대하고 있어 중요시되지 않는다.

79 WTO는 다국가를 상대로 공통적인 문제를 논하는 다자주의, 개방적인 성격의 조직인 반면 나머지는 관세철폐 등의 조약체결을 각 대상국씩 진행하며 지역주의적이고 폐쇄적이라고 볼 수 있다.

80 매슬로우의 욕구단계이론

㉠ 생리적 욕구 : 인간의 가장 기본적 욕구. 식욕, 수면 등

㉡ 안전의 욕구 : 위험의 회피

㉢ 애정과 공감의 욕구 : 타인과의 만족스러운 관계의 추구

㉣ 존경의 욕구 : 가치 있는 인간으로서의 평가를 추구

㉤ 자아실현의 욕구 : 이상의 실현

81 ① 우리나라 화엄종의 개조이다 화엄십찰의 건립자

② 정혜결사를 조직하여 불교의 개혁을 추진하였으며, 돈오점수와 정혜쌍수를 주장하여 선과 교에 집착하지 않고 깨달음의 본질, 즉 선교일치를 추구하였다.

④ 지눌의 뒤를 이어 수선사의 제2세 사주가 되어, 간화선을 강조하면서 수선사의 교세를 확장하였다.

82 ① 마이크로 소프트 창업자

② 미국의 미래학자, 소비뿐만 아니라 제품개발·유통에도 직접 참여하는 '생산적 소비자(프로슈머)'를 이야기함

④ 20세기 최고의 펀드매니저, 헤지펀드의 대부

83 **소비자동향지수** … 경기에 대한 소비자들의 기대심리를 반영한 지수를 말한다. 기준점수를 100으로 하고 이를 웃돌면 6개월 이후의 경기가 현재보다 개선될 것으로 보는 가구가 나빠질 것으로 보는 가구보다 많다는 것을 의미한다.

84 **트로이카주** … 비교적 장기간에 걸쳐 상승세를 이끄는 금융(은행, 증권)·건설·무역(종합상사) 관련 선도 3개 업종의 주식

85 공유결합은 전자를 공유하여 구성되는 1차 결합이며, 대부분의 경우 2원자의 반쯤 채워진 궤도의 중첩을 수반한다.

86 ① 속악(=향악)에 해당하는 설명이다.

② 현실 세계와 환상적인 이상 세계를 능숙하게 처리하고, 대각선의 운동감을 활용하여 구현한 걸작이다. 문제의 지문은 정선의 진경산수화에 대한 설명이다.

③ 전체 지문이 틀렸다. 조선 전기에는 궁궐, 관아, 성문 등 궁궐 건축, 조선 중기에는 사립학교인 서원 건축이 발달하였다.

87 반계 유형원은 「반계수록」에서 균전론을 주장하여 자영농을 육성하여 농병일치의 군사조직, 사농일치의 교육제도를 확립하고자 하였다.

88 대한민국 임시정부는 3·1운동 이후 일본 통치에 조직적으로 항거하기 위하여 설립되었다. 대한민국 임시정부는 미국에 구미위원회(이승만, 워싱턴), 한국 통신부(서재필, 필라델피아), 파리 위원부(김규식)을 두었다. 그러나 독일이나 이탈리아 지역에서는 위원회를 두지 않았을 뿐 아니라 특별한 외교활동도 없었다.

89 **검정교배** … 겉으로 드러나는 표현형이 우성인 개체의 유전자형이 순종인지 잡종인지를 알기 위하여 표현형이 열성인 개체와 교배시키는 것이다.

90 터키의 전신인 오스만 제국은 이슬람을 국교로 한다. 오스만은 정치적 목적과 전 유럽을 이슬람화 하려고 하는 종교적인 목적이 결합되어 매우 강력하게 추진되었으며 200여 년에 걸쳐 동유럽을 정벌하였다.
① **탈라스 전투** : 압바스 왕조의 이슬람군과 당나라 간의 전쟁
② **백년 전쟁** : 영국과 프랑스 간의 전쟁
③ **정통 칼리파 시대** : 이슬람 제국(현재 이스라엘, 이란, 이라크 등)의 마호메트 이후의 시대

91 제1차 세계대전은 제국주의적 영토재분할전쟁이라고 할 수 있으며, 직접적인 동기는 오스트리아 황태자 부처를 세르비아 청년이 암살하자 오스트리아가 세르비아에 선전포고하여 오스트리아 · 독일 · 불가리아 등의 동맹군과 세르비아 · 러시아 · 프랑스 · 영국 · 일본 등 연합군 간의 세계전쟁으로 확대된 것이다.

92 글에서 설명하는 '이것'은 양극체제하에서의 사회주의진영과 자본주의진영 간의 정지 · 외교 · 이념상의 갈등이나 군사적 위협의 잠재적인 권력투쟁인 냉전을 설명하고 있다.
④ 독 · 소 불가침조약은 제2차 세계대전 이전에 소련과 독일 간의 상호불가침조약이다.
※ **마셜 계획** … 제2차 세계대전으로 인해 피폐해진 서유럽 국가들의 불황을 극복하기 위해 미국이 대대적인 경제 원조를 제의하였으며, 이 계획은 민주주의 국가의 안정된 환경을 이루어 공산주의의 확산을 막는 것이 목적이었다.

93 동학은 서학의 교세 확장을 반대하는 최제우가 유불선 사상을 바탕으로 민간 신앙요소를 더해 만든 사상이다. 모든 사람은 평등하다는 시천주 · 인내천 사상을 주장하였다.
④ 순조 즉위 후 신유박해로 많은 실학자 및 양반계층이 탄압을 종교는 천주교이다.

94 ③ **낭트칙령** … 1598년 프랑스의 앙리 4세가 신 · 구교도의 갈등을 완화시키기 위해 개인의 신앙의 자유와 신 · 구 양교의 정치상 평등권을 인정한 칙령이다.

95 금인칙서(金印勅書)는 1356년 독일의 황제 카를 4세가 성(聖)·속(俗)의 7선 제후 중에서 황제를 선출할 것이라고 발표한 문서이다.

96 ② 모든 번뇌를 해탈하여 불생불멸(不生不滅)의 법을 체득한 경지이다.
① 부처의 정법 또는 석가여래 삼신(三神)의 하나이다.
③ 몸은 죽어도 영혼은 영원히 살아 여러 생사를 끝없이 되풀이함을 말한다.
④ 신도(信徒)로서의 자격을 빼앗아 종문(宗門)에서 축출하는 것을 말한다.

97 ① 빨강 ② 노랑 ③ 황록

98 도플러 효과 … 파동을 발생시키는 파원과 그 파동을 관측하는 관측자 중 하나 이상이 운동하고 있을 때 발생하는 효과로, 파원과 관측자 사이의 거리가 좁아질 때에는 파동의 주파수가 더 높게, 거리가 멀어질 때에는 파동의 주파수가 더 낮게 관측되는 현상

99 소크라테스(Socrates)는 고대 그리스의 철학자로 우주의 원리를 묻곤 했던 기존의 철학자들과는 달리 자기 자신과 근원에 대한 물음을 철학의 주제로 삼았다. 또한 소크라테스는 객관적·보편적·절대적 존재를 인정하였다.

100 아리스토텔레스(Aristoteles)는 인간의 궁극적 목적은 최고선(행복)의 실현이라는 목적론적 세계관을 역설하였다.
② 마음의 평정(ataraxia) … 고대 그리스 철학자들이 말하는 정신적 평화의 상태를 의미한다.
④ 부동심의 경지(apatheia) … 모든 정념(情念)에서 해방된 상태를 가리키는 말로, 스토아학파는 아파테이아의 상태를 이상적이라고 생각하였다.

정답 및 해설

1	2	3	4	5	6	7	8	9	10	11	12	13	14	15	16	17	18	19	20
②	②	④	②	②	②	②	③	①	①	④	③	①	④	④	①	①	④	①	②
21	22	23	24	25	26	27	28	29	30	31	32	33	34	35	36	37	38	39	40
④	③	②	④	③	④	③	①	②	③	②	④	②	④	④	②	④	③	④	③
41	42	43	44	45	46	47	48	49	50	51	52	53	54	55	56	57	58	59	60
③	③	①	③	①	③	③	①	①	④	③	④	④	③	③	④	①	④	①	②
61	62	63	64	65	66	67	68	69	70	71	72	73	74	75	76	77	78	79	80
②	④	③	④	②	②	③	③	④	②	④	④	①	①	③	②	④	④	③	④
81	82	83	84	85	86	87	88	89	90	91	92	93	94	95	96	97	98	99	100
①	③	③	④	①	④	①	④	④	③	①	①	②	①	②	③	③	①	④	③

1 ② 「폐허」는 1920년대 초 문학동인지로, 독일의 시인 실러의 "옛 것은 멸하고 시대는 변한다. 새 생명은 이 폐허에서 피어난다."라는 시구에서 따온 것으로 부활과 갱생을 의미한다. 동인으로 김 억, 남궁벽, 오상순, 염상섭 등이 참여하였으며 이들의 문학적 경향은 퇴폐적 낭만주의였다.

※ 창조(創造) ⋯ 1919년에 창간된 최초의 순(純)문예동인지로 김동인, 주요한, 전영택 등이 주요 동 인이다. 계몽 문학을 배척하고 순수 문학을 지향하였다.

2 ① 삭월세 → 사글세
③ 가까와 → 가까워
④ 무자기 → 무작위

3 손은 한 손에 잡을 만한 분량을 세는 단위로 조기는 큰 것과 작은 것을 합한 것을 이른다. 접은 채 소나 과일 따위를 묶어서 세는 단위로 한 접은 100개이고, 축은 오징어를 묶어 세는 단위로 한 축 은 20마리이다. 따라서 2+300+40=342

4 ① 「태평천하」 : 식민지 사회 현실을 풍자적 수법으로 다룬 채만식의 작품
② 「임꺽정」 : 조선 명종 때 천민계층의 반봉건적인 인물인 임꺽정을 주인공으로 하여 그들의 생활
양식을 다룬 작품
③ 「카인의 후예」 : 범생명적인 휴머니즘을 추구한 황순원의 작품
④ 「상록수」 : 민족주의 · 사실주의 경향의 농촌 계몽 소설을 주로 쓴 심훈의 작품

5 ① 시사 또는 전문적인 문제를 놓고 배심원들을 통해 논의하는 형식이다.
③ 일종의 공개토론회로 전문가나 학자 등이 시사 · 사회문제에 관해 강연을 하고, 청중으로부터 질
문을 받는 형식이다.

6 모음이나 'ㄴ' 받침 뒤에 이어지는 '렬, 률'은 '열, 율'로 적는다.
② 입학율 → 입학률

7 ① 흐드러지다 ③ 족대기다 ④ 미쁘다

8 ③ 황차(況且)는 '하물며'의 뜻으로 쓰이는 접속의 말로 후에 '항차'로 변했다.

9 ① 志學(지학) : 학문에 뜻을 둔다는 의미로 열다섯 살을 가리킨다. 「논어(論語)」위정편(爲政篇)의 '오
십유오이지우학(吾十有五而志于學)'에서 유래하였다.

10 ① 濃淡(농담) : 짙을 농, 묽을 담 → 반의관계
② 姿態(자태) : 맵시 자, 모양 태
③ 敦篤(돈독) : 도타울 돈, 도타울 독
④ 弛緩(이완) : 늦출 이, 느릴 완

11 渦中(와중)은 '흘러가는 물이 소용돌이치는 가운데'또는 '시끄럽고 분란한 사건의 가운데'라는 의미
이다.

12 '입추(立錐)의 여지가 없다'는 송곳 끝도 세울 수 없을 정도라는 뜻으로 발 들여놓을 데가 없을 정도로 사람들이 꽉 들어찬 경우를 비유적으로 이르는 말이다. '누란(累卵)의 위기'는 알을 쌓는다는 뜻으로서 '누란지위(累卵之危)'라고도 하며 알을 쌓아 올린 것처럼 매우 위태로운 상태를 비유하는 말이다.

13 標識(적을 표, 적을 지), 閉塞(닫을 폐, 막을 색), 內人(안 내, 사람 인→나인), 相殺(서로 상, 덜 쇄)

14 ㉠ 苛斂誅求(가렴주구) : 조세를 가혹하게 징수하여 백성을 못 살게 구는 일
㉡ 刮目相對(괄목상대) : 남의 학문이나 재주가 현저하게 진보하였음을 가리키는 말
㉢ 自家撞着(자가당착) : 자기의 언행이 앞뒤가 모순되어 들어맞지 않는 것
㉣ 畵龍點睛(화룡점정) : 무슨 일을 함에 가장 긴요한 부분을 끝내어 완성시킴

15 ① 樵童汲婦(초동급부) : 땔나무를 하는 아이와 물을 긷는 여자, 즉 보통사람
② 張三李四(장삼이사) : 장씨의 셋째 아들과 이씨의 넷째 아들, 즉 평범한 사람들
③ 匹夫匹婦(필부필부) : 평범한 남자와 평범한 여자
④ 白面書生(백면서생) : 글만 읽고 세상일에 경험이 없는 사람

16 ① 冬至(동지) : 겨울
② 處暑(처서), ③ 白露(백로), ④ 霜降(상강) : 가을

17 ②「칼의 노래」저자
③「태백산맥」,「아리랑」,「한강」저자
④ 시인으로 9년 연속 노벨문학상 후보에 머물렀다.

18 ④ 찌뿌등하다 → 찌뿌둥하다

19 ① **문장** : 1939년 창간되어 1941년 폐간된 시·소설 중심의 순문예지이다. 신인추천제로 발굴된 대표적인 시조시인으로는 김상옥과 이호우 등이 있으며, 시인으로는 청록파 시인 박목월, 조지훈, 박두진 등이 있다.

② **소년** : 1908년 11월 최남선이 창간한 한국 최초의 월간 잡지로 주로 청소년을 대상으로 새로운 지식의 보급과 계몽, 강건한 청년정신의 함양에 힘썼다. 1911년 5월 종간되었다.

③ **청춘** : 1914년 10월에 창간된 한국 최초의 본격적인 월간 종합지로 일반교양을 목표로 펴낸 계몽적 대중지다. 인문·사회, 자연·과학 전반의 내용을 다루었으며, 문학 부문에 비중을 두어 준문학지 성격을 띠었다.

④ **인문평론** : 1939년 10월 최재서(崔載瑞)가 창간한 문학잡지로 창간호의 권두언에서 문학가들도 건설 사업에 협력해야 한다고 주장하여 일본의 침략전쟁을 긍정하고 합리화하는 데 앞장섰다. 1941년 4월 폐간되었다.

20 데카당스(decadence)는 19세기 후반의 회의적인 사상과 퇴폐적인 경향이 문학에 반영된 세기말적 문학을 말한다. 관능적인 미를 추구하고 예술지상주의적, 탐미적 문학의 특징을 갖는다.

21 ① 경성헌법의 단점은 신축적으로 적응할 수 없다는 것이다.

② 형식적 의미의 헌법에 실질적 의미의 헌법이 모두 포함되는 것은 아니며, 예컨대 정부조직법, 공직선거법, 헌법재판소법 등이 이에 해당한다.

③ 헌법의 효력은 국가권력에 의하여 완전히 보장되는 것은 아니며 국가권력 외에 저항권, 헌법 재판 등에 의해서도 보장된다.

22 ① 국적법 제2조 제1항 제1호

② 동법 제3조 제1항 제1호

④ 동법 제18조 제2항

③ 만 20세가 되기 전에 복수국적자가 된 자는 만 22세가 되기 전까지, 만 20세가 된 후에 복수국적자가 된 자는 그때부터 2년 내에 하나의 국적을 선택하여야 한다〈동법 제12조 제1항〉.

23 헌법 전문… 유구한 역사와 전통에 빛나는 우리 대한국민은 3·1운동으로 건립된 대한민국임시정부의 법통과 불의에 항거한 4·19민주이념을 계승하고, 조국의 민주개혁과 평화적 통일의 사명에 입각하여 정의·인도와 동포애로써 민족의 단결을 공고히 하고, 모든 사회적 폐습과 불의를 타파하며, 자율과 조화를 바탕으로 자유민주적 기본질서를 더욱 확고히 하여 정치·경제·사회·문화의 모든 영역에 있어서 각인의 기회를 균등히 하고, 능력을 최고도로 발휘하게 하며, 자유와 권리에 따르는 책임과 의무를 완수하게 하여 안으로는 국민생활의 균등한 향상을 기하고 밖으로는 항구적인 세계평화와 인류공영에 이바지함으로써 우리들과 우리들의 자손의 안전과 자유와 행복을 영원히 확보할 것을 다짐하면서 1948년 7월 12일에 제정되고 8차에 걸쳐 개정된 헌법을 이제 국회의 의결을 거쳐 국민투표에 의하여 개정한다.

24 ④ 우리 헌법 제27조 제2항(군인·군무원 범죄의 군사법원 관할), 제29조 제2항(이중배상청구금지), 제33조 제2항(공무원 노동3권 제한), 제110조 제4항(비상계엄선포시에 단심제 운영) 등은 특별권력 관계에 대한 헌법적 제한규정이다.

25 ③ 개인의 성적 자기결정권도 국가적, 사회적 테두리 안에서 타인의 권리, 공중도덕, 사회윤리, 공공복리 등의 존중에 의한 내재적 한계가 있는 것이다(헌재 1990.9.10, 89헌마82).

26 ④ 급부를 구하는 적극적 권리의 성격은 없고 행복추구 활동을 국가의 간섭 없이 자유롭게 할 수 있는 권리로 본다(헌재 2001.6.1, 98헌마216).

27 ① 현대 헌법의 평등은 능력에 따라서 차별대우를 인정하는 것으로 남녀 간의 사실적·생리적 차이에 의한 차별은 인정한다.
② 헌재 2014.5.29, 2013헌마127
③ 의석을 가진 정당후보자, 의석 없는 정당후보자, 무소속 후보자 간에 후보자 기호결정에 관하여 상대적으로 차별을 두고 있다 하더라도, 이는 정당제도의 존재의의에 비추어 그 목적이 정당할 뿐만 아니라 당적 유무, 의석 순, 정당명 또는 후보자성명의 가, 나, 다 순 등 합리적 기준에 의하고 있으므로 위헌이라 할 수 없다(헌재1997.10.30, 96헌마94).
④ 잠정적 우대조치는 소수집단, 여성 등 약자를 우대하는 실질적인 평등원칙으로 결과의 평등을 추구하는 원리이다.

28 ① 형사소송법 제94조
② 제12조 제6항
③ 제12조 제2항
④ 제12조 제4항

29 ② 공적 인물에 대하여는 사생활의 비밀과 자유가 일정한 범위 내에서 제한되어 그 사생활의 공개가 면책되는 경우도 있을 수 있으나, 이는 공적 인물은 통상인에 비하여 일반국민의 알권리의 대상이 되고 그 공개가 공공의 이익이 된다는 데 근거한 것이므로, 일반국민의 알권리와는 무관하게 국가기관이 평소의 동향을 감시할 목적으로 개인의 정보를 비밀리에 수집한 경우에는 그 대상자가 공적 인물이라는 이유만으로 면책될 수 없다(대판 1998.7.24, 96다42789).
① 헌재 2003.10.30, 2002헌마518
④ 헌재 2003.6.26, 2002헌가14
③ 방송 등 언론매체가 사실을 적시하여 개인의 명예를 훼손하는 행위를 한 경우에도 그 목적이 오로지 공공의 이익을 위한 것일 때에는 적시된 사실이 진실이라는 증명이 있거나 그 증명이 없다 하더라도 행위자가 그것을 진실이라고 믿었고 또 그렇게 믿을 상당한 이유가 있으면 위법성이 없다고 보아야 할 것이나, 그에 대한 입증 책임은 어디까지나 명예훼손행위를 한 방송 등 언론매체에 있고 피해자가 공적인 인물이라 하여 방송 등 언론매체의 명예훼손행위가 현실적인 악의에 기한 것임을 그 피해자 측에서 입증하여야 하는 것은 아니다(대판 1998.5.8, 97다34563).

30 ① 제27조 제2항
④ 헌재 2002.6.27, 2002헌마18
③ 군인·군무원의 범죄나 일정한 범죄 중 법률이 정한 경우에 단심으로 할 수 있으나, 사형을 선고한 경우에는 예외이다〈제110조 제4항〉.

31 ④ 인간다운 생활을 할 권리로부터는 인간의 존엄에 상응하는 생활에 필요한 '최소한의 물질적인 생활의 유지에 필요한 급부를 요구할 수 있는 구체적인 권리가 상황에 따라서는 직접 도출될 수 있다고 할 수는 있어도, 동 기본권이 직접 그 이상의 급부를 내용으로 하는 구체적인 권리를 발생케 한다고는 볼 수 없다고 할 것이다(헌재 1995.7.21, 93헌가14).

32 ② 국민의 의무를 최초로 규정한 것은 1791년 프랑스 헌법이며, 20C의 현대적 의무를 최초로 규정한 것은 1919년 독일의 바이마르 헌법이다.

33 ④ 대의제는 국민이 국가기관을 구성하고 대표기관이 정책을 결정하는 원리이다.

34 ① 제58조
② 제41조 제2항
③ 제64조 제4항
④ 국회의원은 현행범인인 경우를 제외하고는 회기 중 국회의 동의 없이 체포 또는 구금되지 아니하며, 국회의원이 회기 전에 체포 또는 구금된 때에는 현행범인이 아닌 한 국회의 요구가 있으면 회기 중 석방된다〈제44조〉.

35 ② 현행 헌법상 대통령의 사고로 인한 직무수행 여부에 관한 대법원의 결정권을 규정한 조항은 없다.
① 현행 헌법 제67조 제2항은 대통령 선거에 있어서 최고득표자가 2인 이상인 때에는 국회재적의원 과반수가 출석한 공개회의에서 다수표를 얻은 자를 당선자로 한다고 규정하고 있다.
③ 현행 헌법 제67조 제4항에 40세를 규정하고 있으므로 법률에서 상이하게 규정한다면 위헌법률에 해당한다.
④ 새로이 선출된 대통령은 차기 대통령을 의미하므로 당선일로부터 새로이 5년간의 임기가 시작된다.

36 ④ 대법원장이 궐위되거나 부득이한 사유로 직무를 수행할 수 없을 때에는 선임대법관이 그 권한을 대행한다〈법원조직법 제13조 제3항〉.

37 ③ 헌법소원에 관한 인용결정에도 재판관 6인 이상의 찬성을 요한다〈제113조 제1항〉.

38 ② 대통령·국무총리·국무위원·행정각부의 장·헌법재판소 재판관·법관·중앙선거관리위원회 위원·감사원장·감사위원 기타 법률이 정한 공무원이 그 직무집행에 있어서 헌법이나 법률을 위배한 때에는 국회는 탄핵의 소추를 의결할 수 있다〈제65조 제1항〉.

39 ④ 수사기관에게 고발권은 가지고 있으나 독립된 수사권을 가지지 못한다.

40 ③ 국회의 승인을 얻지 못하더라도 지출행위 자체의 효력에는 영향이 없으며 단지 정부가 책임을 질 뿐이다.

41 ① 무역풍 → 편서풍
② 양쯔 강 기단 → 시베리아기단
④ 한랭건조 → 한랭다습

42 흰 바탕에 왼쪽부터 파랑, 노랑, 검정, 초록, 빨강의 5색 고리를 위 3개, 아래 2개로 엮은 모양이다. 동그란 5개의 고리는 5개의 대륙을 상징하며 전 세계 선수의 만남과 어울림을 의미한다.

43 **세계기록유산** … 유네스코가 세계적인 가치가 있다고 지정한 귀중한 기록유산으로, 우리나라는 훈민정음, 조선왕조실록, 직지심체요절, 승정원일기, 팔만대장경판, 조선왕조의궤, 동의보감, 일성록, 5·18민주화운동기록물, 새마을운동 기록물, 난중일기, 유교책판, KBS 특별생방송 '이산가족을 찾습니다' 기록물, 국채보상운동 기록물, 조선통신사에 관한 기록, 조선왕조 어보와 어책이 등재되었다.

44 ① **파리넬리** : 18세기 이탈리아의 유명한 카스트라토
② **카운티테너** : 테너를 넘어선 남성의 성악 음역 또는 가성으로 소프라노의 음역을 구사하는 남성 성악가
③ **카스트라토(castrato)** : 여성이 무대에 설 수 없었던 18세기 바로크시대의 오페라에서 여성의 음역을 노래한 남성가수로, 3옥타브 반의 목소리를 낸 그들은 이를 위해 변성기 전인 소년 시절에 거세당했다.

45 ① **스폿뉴스(spot news)**는 최신 속보 뉴스로 프로그램과 프로그램 사이의 짧은 시간을 이용하여 방송하는 토막뉴스를 말한다. 보기의 내용은 스트레이트 뉴스(straight news)에 대한 설명이다.

46 ③ 세계 각지의 시간차는 지구의 둘레가 360°이므로 이를 24시간으로 15°5를 1시간 차이로 계산한다. 우리나라는 동경 135°를 표준시로 삼고 있어 그리니치 표준시보다 9시간 빠르다.

47 판타지아 … '환상곡'이라고도 하며, 형식의 제약을 받지 아니하고 악상의 자유로운 전개에 의하여 작곡한 낭만적인 악곡을 말한다.
① 아리아 : 오페라, 오라토리오 따위에서 기악 반주가 있는 서정적인 가락의 독창곡이다.
② 칸타타 : 17세기에서 18세기까지 바로크 시대에 발전한 성악곡의 한 형식. 독창·중창·합창과 기악 반주로 이루어지며, 이야기를 구성하는 가사의 내용에 따라 세속 칸타타와 교회 칸타타로 나눈다.
④ 세레나데 : 저녁 음악이라는 뜻으로, 밤에 연인의 집 창가에서 부르거나 연주하던 사랑의 노래. 18세기 말에 이르러 짧은 길이로 된 기악 모음곡 형태로 발달하였다.

48 ① 발리(volley) : 상대방이 친 볼이 땅에 떨어지기 전에 쳐서 보내는 노바운드 리턴을 말하는 테니스 용어
② 더블 보기(double bogey) : 파보다 2타 많은 타수로 홀아웃 한 경우
③ 이븐파(even par) : 코스의 규정타수(표준타수)와 같은 타수로 경기를 마치는 것
④ 홀인원(hole-in-one) : 1타로 홀컵에 볼을 넣은 경우

49 ① 그래미상(Grammy Awards)은 전미국레코드 예술과학아카데미(NARAS)가 주최하는 1년간의 우수한 레코드와 앨범에 주어시는 상이나. 미국 세일의 규모와 권위토 영화셰의 아카네미상에 비긴된다. 그래미는 그래머폰(gramophone, 축음기)에서 온 애칭으로 수상자에게는 나팔이 부착된 축음기 모양의 기념패가 주어진다. 5,000명 이상의 심사위원이 수차에 걸친 투표를 해서 선정한다.

50 ④ 독립신문은 1896년 4월 7일 서재필이 창간한 우리나라 최초의 순 한글신문이자 민간신문이다. 1957년 언론계는 이 신문의 창간일인 4월 7일을 신문의 날로 정하였다.

51 프로보노(Probono) … 라틴어 'Pro Bono Publico'의 줄임말로서 '정의를 위하여' 라는 뜻이다. 지식이나 서비스 등을 대가없이 사회 공익을 위하여 제공하는 활동을 말한다.

52 ④ 제시된 자료는 반민족 행위 처벌법의 내용이다. 대한민국 정부 수립 이후 친일파 처벌에 대한 여론이 높아짐에 따라 1948년 9월 반민족 행위 처벌법을 만들고, 반민족 행위 특별 조사 위원회를 구성하였다. 하지만 반공 정책을 중요시한 이승만 정부의 비협조와 친일세력의 방해, 일본 경찰 출신 경찰 간부의 반민 특위 습격 사건 등으로 친일파 청산이 제대로 이루어지 않았으며 결국 1949년 8월 31일 반민 특위가 해체되고 말았다.

53 소비자기대지수 … 경기에 대한 소비자들의 기대심리를 반영한 지수를 말한다. 기준점수를 100으로 하고 이를 웃돌면 6개월 이후의 경기가 현재보다 개선될 것으로 보는 가구가 나빠질 것으로 보는 가구보다 많다는 것을 의미한다.

54 ③ 제시된 정책은 신문왕이 귀족세력을 숙청하고 정치세력을 다시 편성하여 중앙집권적 전제왕권을 강화하려는 의도였다.

55 ① 미디어의 선전에 의한 소비증대 효과를 말한다.
② 소비감소율이 소득감소율보다 적게 나타나는 효과를 의미한다.
④ 특정 상품에 대한 소비 증가 시 수요가 줄어드는 현상으로, 소비할 제품이 흔해지는 것을 기피하는 심리에서 기인한다.

56 ①②③ 고려시대의 동전이다.

57 제시된 설명에 해당하는 단어는 순서대로 카시오페이아자리(Cassiopeia), 에볼라(Ebola) 바이러스, 키노드라마(Kino-drama), 아폴로 신드롬(Apolo syndrome)이다. 따라서 첫 글자를 조합하여 만들 수 있는 단어는 'cake'이다.

58 ② 페가수스 : 그리스 신화에 나오는 날개가 달린 천마
③ 천리마 : 하루에 무려 천리나 되는 거리를 달릴 수 있는 말

59 ② 칸 영화제 : 프랑스 남쪽 관광지인 칸에서 열리는 영화제로 세계 3대 영화제 중 하나이다. 제2차 세계대전 직전에 창설되었다가 전쟁 중에 중단한 뒤 1946년부터 다시 재개되었다. 이 영화제에서 이두용 감독의 '물레야 물레야'가 특별부문상(1984년)을 송일곤 감독의 '소풍'이 심사위원상을 박찬욱 감독의 '올드보이'가 심사위원 대상을 수상하였다. 그리고 배우 전도연이 영화 '밀양'으로 여우주연상을 수상하기도 하였다.
③ 부산 국제 영화제 : 부산광역시에서 해마다 가을에 열리는 우리나라 최초의 국제 영화제
④ 베를린 영화제 : 독일 베를린에서 매년 2월에 개최되는 영화제로 세계 3대 영화제 중 하나이다. 1951년에 창시되었으며 최고의 상은 금곰상이다. 예술작품 발굴을 중시하는 영화제로 알려졌으며 김기덕 감독이 3년 연속 '섬', '수취인 불명', '나쁜 남자'로 진출한 경력이 있다.

60 ① **주민등록법** : 행정사무의 원활한 처리를 위해 주민의 거주관계를 파악하고 인구동태를 명확히 하고자 제정된 법률

③ **위치정보보호법** : 정보통신망의 이용촉진 및 이용자의 개인정보의 보호와 함께 건전하고 안전한 정보통신망 환경을 조성하는 것을 목적으로 하는 법률

④ **집시법** : '집회 및 시위에 관한 법률'의 줄임말로 국민의 정치적 기본권이라 할 수 있는 '집회의 자유'에 대하여 공공의 안녕, 질서 유지를 위한 제한을 가하는 법률

61 ② 환자가 부작용을 인지하고 약을 복용했을 때 약물의 작용이 아닌 심리적인 이유로 부작용이 나타나는 현상이다.

① 약효가 전혀 없는 거짓약을 진짜 약으로 가장, 환자에게 복용토록 했을 때 병세가 호전되는 효과이다.

③ 사람들이 보편적으로 가지고 있는 성격이나 심리적 특징을 자신만의 특성으로 여기는 심리적 경향이다.

④ 타인의 기대나 관심에 따라 능률이 오르거나 결과가 올라가는 현상이다.

62 **나비 효과** … 브라질에 있는 나비의 날갯짓이 미국 텍사스에 토네이도를 발생시킬 수도 있다는 과학 이론이다. 기상 관측한 데이터를 통해 처음 이야기된 효과로, 어떤 일이 시작될 때 있었던 아주 작은 양의 차이가 결과에서는 매우 큰 차이를 만들 수 있다는 이론이다. 이 개념은 후에 카오스 이론의 토대가 되었다. 디지털과 매스컴 혁명으로 정보의 흐름이 매우 빨라지면서 지구촌 한 구석의 미세한 변화가 순식간에 전 세계적으로 확산되는 것 등을 그 예로 들 수 있다.

63 **이란 핵협상** … 2002년 8월 이란의 반정부단체가 비밀 우라늄 농축 시설 존재를 폭로하면서 시작된 이란 핵 위기가 외교적 협상으로 13년 만에 해결됐다. 주요 6개국과 이란이 최종합의한 포괄적공동행동계획(JCPOA)의 내용은 원심분리기축소, 우라늄 농축농도의 제한, 핵물질 취득 소요시간의 제한, IAEA의 사찰 허용, 경제제재의 해제 등이다. 협상으로 인해 이란은 정치 · 경제적으로 비약적인 발전을 할 전망이다.

64 셰익스피어의 소설 「템페스트」의 여주인공인 미란다는 정치인 퍼디난도를 무조건적으로 사랑하는 인물로 나오는데, 여기서 유래된 것으로 피통치자가 정치권력에 대하여 무조건적으로 찬양하고 예찬을 하는 상황을 가리킨다.

65 CD(Ceritficate of Deposit) … 은행이 발행한 정기예금증서에 양도성을 부여하여 약정된 날짜에 증서를 갖고 있는 사람에게 원리금을 지급하는 단기 고수익 상품이다. 쉽게 돈으로 바꿀 수 있고 은행에서 안전성이 높은 금융상품이다. 무기명식으로 발행되며 중도해지가 안되지만 증권사나 종금사에 팔아 현금화가 가능하다.

66

유네스코 지정유산	세계유산	문화유산 : 석굴암 · 불국사, 해인사 장경판전, 종묘, 창덕궁, 수원 화성, 경주 역사유적지구, 고창 · 화순 · 강화 고인돌 유적, 조선왕릉, 경북 안동 하회마을 · 경주 양동마을, 남한산성, 백제역사유적지구
		자연유산 : 제주도 화산섬과 용암동굴
	무형유산	종묘제례 · 종료제례악, 판소리, 강릉단오제, 강강술래, 남사당놀이, 영산재, 제주 칠머리당 영등굿, 처용무, 가곡, 대목장, 매사냥술, 택견, 줄타기, 한산모시짜기, 아리랑, 김장문화, 농악, 줄다리기, 제주해녀문화
	기록유산	훈민정음, 조선왕조실록, 직지심체요절, 승정원일기, 고려대장경판 및 제경판, 조선왕조의 의궤, 동의보감, 5 · 18 민주화운동 기록물, 일성록, 난중일기, 새마을운동기록물, 한국의 유교책판, KBS특별생방송 '이산가족을 찾습니다' 기록물, 국채보상운동 기록물, 조선통신사에 관한 기록, 조선왕조 어보와 어책

67 아노미(Anomie) … 사회적 혼란으로 인해 규범이 사라지고 가치관이 붕괴되면서 나타나는 사회적, 개인적 불안정 상태를 뜻하는 말이다.

68 ① 한 가구를 형성하는 가족의 경제활동을 통하여 얻은 소득의 총합이다.
② 임금 · 이윤 · 이자 · 연금 등으로 개인 각자가 얻는 소득이다.
④ 한 가정에서 여러 가지 방법으로 획득하는 소득이다.

69 ② 워치 컨디션(Watch Condition)의 약칭이다. 북한의 군사 활동을 추적하는 정보감시태세를 말하며, 평상시부터 전쟁 발발 직전까지 5단계로 나누어 발령한다. 1981년부터 운용되었으며, 평상시에는 4단계를 유지하고 있다가 상황이 긴박해질수록 낮은 숫자의 단계로 격상된다. 이때 격상 발령은 한국과 미국 정보당국간의 합의에 따라 이루어진다.
① 진돗개의 이름을 따서 만든 대한민국의 경보로, 북한의 무장공비나 특수부대원 등이 대한민국에 침투했을 때, 혹은 부대에서 탈영병이 발생했을 때 등의 국지적 위협 상황이 일어났을 시에 발령되는 단계별 경보 조치를 말한다.
③ 정규전에 대비해 발령하는 전투준비태세로 전투준비태세 · 방어준비태세라고도 한다. 모두 5단계로 나뉘며, 숫자가 낮아질수록 전쟁발발 가능성이 높다는 것을 의미한다.
④ 데프콘 1단계로 전쟁이 발발하기 직전 상황이다.

70 ② 수입품의 국내가격 상승으로 수입업체의 이윤은 감소하게 된다.

※ **환율인상(평가절하)** … 우리 원화의 평가절하를 의미하는 것으로 예를 들면, 1달러가 500원에서 1,000원이 된 경우로 우리나라의 원화가치가 달러에 대해 하락한 것을 말한다. 이에 따른 결과는 다음과 같다.

- 수출증가 : 국내에서 500원이던 재화의 국제가격이 1달러에서 0.5달러로, 달러화 표시가격이 하락하여 수출이 증가한다.
- 수입감소 : 외국에서 2달러인 재화의 수입가격이 1,000원에서 2,000원으로, 원화표시가격이 상승하여 수입이 감소한다.
- 외채상환부담 증가 : 1달러를 상환할 경우 부담액이 500원에서 1,000원으로 상승한다.
- 해외여행 불리 : 100만원을 해외여행에 지출할 경우 해외에서 쓸 수 있는 돈이 2,000달러에서 1,000달러로 감소한다.
- 물가의 상승 : 수출증가와 수입감소로 통화량이 증가하여 물가가 오른다.

71 **100ppm 품질혁신운동** … 제품 100만개 중 불량품의 수를 100개 이하로 줄이기 위해 조직구성원 전원이 참여하는 품질개선운동이다.

72 ④ 제시문은 북학파인 박제가의 저서 '북학의'로 청나라의 문물을 도입하여 민생안정과 부국강병을 꾀할 것을 주장하였으며 근검보다는 소비를 권장하여 생산을 자극해야 한다고 주장하였다.

73 **황금낙하산** … 피인수 회사와의 우호적인 합의에 의해 진행되는 우호적 인수·합병(M&A)이 아닌 적대적 M&A의 경우 기업 인수 비용을 높게 함으로써 사실상 M&A를 어렵게 만들어 경영권을 지키기 위한 수단으로 도입됐다. 그러나 부실 경영에 책임이 있는 무능한 경영진을 보호해주는 수단으로 전락할 수 있다.

※ **주석낙하산** … 경영자가 아닌 일반 직원에게 일시에 많은 퇴직금을 지급하도록 규정하여 매수(買受)하는 기업의 매수 의욕을 떨어뜨리는 것이다.

74 ① 벤치마킹(bench marking)은 기업들이 특정 분야에서 뛰어난 업체를 선정, 상품이나 기술·경영방식을 배워 자사의 경영과 생산에 합법적으로 응용하는 것으로, 잘하는 기업의 장점을 배운 후 새로운 생산방식을 재창조한다는 점에서 단순모방과는 다르다.

75 ③ 위안화가 절상되면 달러화 환산가격이 상승함에 따라 국제 철강가격의 오름세가 강화될 것이다.

76

$$엥겔계수 = \frac{음식물비}{총생계비(소득지출 = 총소득 - 저축)} \times 100$$

$$= \frac{120만원}{400만원 - 160만원} \times 100$$

$$= 50\%$$

77 ④ 그레이펀드(하이일드펀드)는 수익률은 매우 높지만 신용도가 낮아 정크본드라고 불리는 고수익·고위험채권을 편입하는 펀드를 말한다. 채권의 신용등급이 투자부적격(BB+이하)인 채권을 주로 편입해 운용하는 펀드이므로 발행자의 채무불이행위험이 정상채권

① 뮤추얼펀드는 투자자들이 맡긴 돈을 굴려 수익을 돌려주는 간접투자상품으로, 각각의 펀드가 하나의 독립된 회사로 만들어지고 투자자는 여기에 출자하는 방식이어서 회사형으로 분류된다.

② 헤지펀드는 국제금융시장의 급성장과 금융의 국제화현상 등으로 투자위험 대비 높은 수익을 추구하는 적극적 투자자본이다. 투자지역이나 투자대상 등 당국의 규제를 받지 않고 고수익을 노리지만 투자위험도가 높은 투기성자본이다.

③ 스폿펀드는 투자신탁들이 일정한 수익률을 올려주겠다고 고객들에게 약속한 후 이 목표수익률을 달성하면 만기 이전이라도 환매수수료 없이 투자자에게 원금과 이자를 돌려주는 초단기 상품이다.

78 유동성 함정 … 시장에 현금이 흘러 넘쳐 구하기 쉬운데도 기업의 생산, 투자와 가계의 소비가 늘지 않아 경기가 나아지지 않고 마치 경제가 함정(trap)에 빠진 것처럼 보이는 상태를 말한다. 1930년대 미국 대공황을 직접 목도한 저명한 경제학자 존 메이나드 케인즈(John Maynard Keynes)가 아무리 금리를 낮추고 돈을 풀어도 경제주체들이 돈을 움켜쥐고 내놓지 않아 경기가 살아나지 않는 현상을 돈이 함정에 빠진 것과 같다고 해 유동성 함정이라 명명했다.

79 식이섬유 … 식물의 섬유나 세포벽 등을 구성하는 다당류로, 사람에게는 소화되지 않거나 소화가 곤란한 물질이다. 셀룰로오스·리그닌·헤미셀룰로오스·펙틴 등이며, 동맥경화·당뇨병·비만·직장암 등의 방지에 효과가 있다고 한다.

80 ⑤ 양무운동은 청나라가 서양의 문물을 도입하여 근대화를 이루려는 운동이었다.

81 ② 예산이 성립한 후에 생긴 부득이한 사유로 인하여 이미 성립된 예산에 변경을 가하는 예산이다.
③ 예측할 수 없는 예산 외의 지출 또는 예산 초과 지출에 충당할 목적으로 계상되는 예산을 말한다.
④ 연간예산으로서 맨 처음 편성하여 국회에 제출되는 예산으로 당초예산이라고도 한다.

82 ㈎는 토지조사사업, ㈏는 회사령이다.
① 화폐정리사업은 1905년 시행되었으며, 토지조사사업은 1910년 실시되었다.
② 일제가 정한 양식에 의해 신고를 하지 않으면 토지소유권을 인정해주지 않았으며 지주의 소유권만을 인정하고 관습적으로 인정되던 개간권, 도지권과 같은 농민의 권리는 인정해주지 않았다. 또한 토지조사사업으로 식민지지주제가 확립되었다.
③ 일제는 회사의 설립을 허가제로 하는 회사령을 시행하여 민족산업의 발전과 자본축적을 방해하였다.
④ 일제는 1920년대 후반 발생한 세계경제대공황을 타개하기 위해 병참기지화 정책을 실시하였다.

83 독일의 폴란드 침공 → 영국과 프랑스의 대독 선전포고(1939) → 독일의 파리점령(1940) → 진주만 공습(1941) → 노르망디 상륙작전(1944) → 일본의 항복(1945)

84 ④ 미장센(mise-en-scène) : 카메라 앞에 놓이는 모든 요소들, 즉 연기·분장·무대장치·의상·조명 등이 조화된 상태로 '화면 내의 모든 것이 연기한다.'는 관점에서 영화적 미학을 추구하는 공간연출
① 오마주 : 영화에서는 보통 후배 영화인이 선배 영화인의 기술적 재능이나 그 업적에 대한 공덕을 칭찬하여 기리면서 감명깊은 주요 대사나 장면을 본떠 표현하는 행위
② 도퀴망테르 : '기록할 만한 자료로서의 가치'라는 의미의 프랑스어로 다큐멘터리의 어원
③ 비앙드 : 프랑스어 '고기'

85

① 학업, 운동, 리더십 모든 면에 있어서 남성을 능가하는 높은 성취욕과 자신감을 가진 여성을 뜻하는 용어이다. 이들은 사회 각 분야에서 왕성하게 활동하며 넉넉한 수입을 벌어들인다.

② 도쿄나 도쿄 근교의 대학을 졸업하고 일류 기업 근무 3년 이상의 경력을 갖고 있으며, 당장 회사를 그만둔다고 해도 해외에서 3개월 이상 생활할 수 있는 여유가 있는 여성을 가리키는 말로 일본에선 결혼보다 개인적인 삶을 즐기는 능력 있는 커리어우먼을 통칭하는 말이다.

③ 30대 이상 50대 미만 미혼 여성 중 학력이 높고 사회적·경제적 여유를 가지고 있는 계층을 의미하는 용어이다.

④ 알파걸의 뛰어난 능력에 미치지 못하는 여성들을 가리켜 '베타걸'이라고 한다. 그리스어 알파벳 베타가 첫 번째 문자 알파다음 두 번째 문자인 것에 착안하여 알파걸의 화려함을 따라가지 못한다는 표현이다.

86 카미유 피사로(Camille Pissarro) ··· 프랑스의 화가(1830~1903)로 인상파의 아버지라고 불린다. 코로, 모네의 영향을 받아 인상파의 우수한 화가로서 소박한 농촌 풍경을 포근한 색채로 그렸다. 작품으로는 「붉은 지붕」, 「사과를 줍는 여인들」, 「몽마르트르의 거리」, 「테아트르 프랑세즈광장」, 「브뤼헤이 다리」, 「자화상」 등이 있다.

④ 「해돋이」는 프랑스의 인상파 화가 클로드 모네의 작품이다.

87 ① 고구려 ② 통일신라 ③ 고려 ④ 조선

88 도플러 효과 ··· 파동을 발생시키는 파원과 그 파동을 관측하는 관측자 중 하나 이상이 운동하고 있을 때 발생하는 효과로, 파원과 관측자 사이의 거리가 좁아질 때에는 파동의 주파수가 더 높게, 거리가 멀어질 때에는 파동의 주파수가 더 낮게 관측되는 현상

89 알칼리 금속의 특징

㉠ 밀도가 작아 가볍다.

㉡ 물과 반응하여 전자를 잃고 양이온이 된다(수소기체발생).

㉢ 원자번호가 증가할수록 쉽게 전자를 잃는다.

㉣ 공기 중에서 산소와 반응하여 쉽게 산화물이 된다.

㉤ 반응성이 커서 석유에 보관한다.

90 ② 질량수란 원자핵을 구성하고 있는 양성자의 수와 중성자의 수의 합이다.

91 ③ 청일전쟁(淸日戰爭) 후 시모노세키조약(1895)에 의하여 대만은 213년간 계속 되었던 청나라의 통치에서 벗어나 일본 최초의 해외 식민지가 되었다. 그 후 1945년 제2차 세계대전이 끝나고 중국에 복귀할 때까지 대만은 51년간 일본 치하에 놓여 있었으며, 1949년에는 중국 공산당의 내전에 패배한 국민당의 장제수(藏介石)정권이 대만으로 이전하여 그 지배체제가 유지되어 왔다.

92 마그나카르타(1215) → 청교도혁명(1642~1649) → 권리장전(1689) → 차티스트운동(1837)

93 ① 공자는 이상적 인간의 내면적 도덕성으로 '인(仁)'을, 외면적 도덕성으로 '예(禮)'를 강조하였다. 따라서 예는 생득적 본성이 아닌 외면적 사회규범이다.

94 사서오경(四書五經)

구분	내용
사서(四書)	논어(論語), 대학(大學), 맹자(孟子), 중용(中庸)
오경(五經)	시경(詩經), 서경(書經), 역경(易經), 춘추(春秋), 예기(禮記)

95 「칼의 노래」(임진왜란) → 「토지」(일제시대) → 「태백산맥」(여수·순천사건 ~ 6·25전쟁) → 「난쟁이가 쏘아 올린 공」(1970년대)

96 제시된 내용은 프로타고라스의 주장으로 '인간은 만물의 척도'라는 표현은 인간 자신이 만물의 여러 현상에 대한 판단의 기준이 됨을 의미한다.

97 칼뱅이즘(calvinism)은 종교적 입장에서 자본주의 정신을 합리화 한 것으로 구제예정설과 직업소명설이 주된 내용으로, 칼뱅은 근검·절약을 미덕으로 보았다.

98 ① 바로크(baroque)는 16세기 말부터 18세기 중엽에 걸쳐 유럽에서 유행한 예술 양식으로 르네상스 양식에 비하여 파격적이고, 감각적 효과를 노린 동적인 표현이 특징적이다. 좁게는 극적인 공간 표현, 축선(軸線)의 강조, 풍부한 장식 따위를 특색으로 하는 건축을 이르지만, 격심한 정서 표현을 가진 동시대의 미술, 문학, 음악의 경향을 총칭하는 용어로 사용한다. 대표적 건축물로는 베르사유궁전, 음악가로는 헨델과 바흐, 미술가로는 렘브란트와 루벤스 등을 들 수 있다.

99 **공상적 사회주의** … 18세기부터 19세기 중엽까지 프랑스의 생시몽과 푸리에, 영국의 오웬 등에 의해 주창된 사상으로, 인도주의와 사회정책에 의한 재산의 공유 및 부의 평등분배를 인간의 자발적 호응으로 실현하자는 이상론을 펼쳤다.

100 ③ **연기설** : 철저한 상호연계성과 상호의존성을 강조한 불타의 말이다.
① **정명정신** : 「논어」 안연편에서 강조된 것으로 '임금은 임금다워야 하고, 신하는 신하다워야 하며, 부모는 부모다워야 하고, 자식은 자식다워야 한다(君君, 臣臣, 父父, 子子).'라고 하였다. 정명 정신은 성리학 전성기에 사회적 윤리 기강을 유지하기 위한 하나의 논리라고 할 수 있다.

공무원시험/자격시험/독학사/검정고시/취업대비 동영상강좌 전문 사이트

공무원	9급 공무원	서울시 기능직 일반직 전환	각 시·도 기능직 일반직 전환	교육청 기능직 일반직 전환
	관리운영직 일반직 전환	사회복지직 공무원	우정사업본부 계리직	서울시 기술계고 경력경쟁
기술직 공무원	물리	화학	생물	
	기술계 고졸자 물리/화학/생물			
경찰·소방공무원	소방특채 생활영어	소방학개론		
군 장교, 부사관	육군부사관	공군부사관	해군부사관	부사관 국사(근현대사)
	공군 학사사관후보생	공군 조종장학생	공군 예비장교후보생	공군 국사 및 핵심가치
NCS, 공기업, 기업체	공기업 NCS	공기업 고졸 NCS	코레일(한국철도공사)	한국수력원자력
	국민건강보험공단	국민연금공단	LH한국토지주택공사	한국전력공사
자격증	임상심리사 2급	건강운동관리사	사회조사분석사	한국사능력검정시험
	국어능력인증시험	청소년상담사 3급	관광통역안내사	국내여행안내사
	텔레마케팅관리사	사회복지사 1급	경비지도사	경호관리사
	신변보호사	전산회계	전산세무	
무료강의	국민건강보험공단	사회조사분석사 기출문제	독학사 1단계	대입수시적성검사
	사회복지직 기출문제	농협 인적성검사	지역농협 6급	기업체 취업 적성검사
	한국사능력검정시험 백발백중 실전 연습문제		한국사능력검정시험 실전 모의고사	

서원각 www.goseowon.co.kr
QR코드를 찍으면 동영상강의 홈페이지로 들어가실 수 있습니다.